U0112345

著作权合同登记号　图字:01－2019－1657
图书在版编目(CIP)数据

美国民主的悖论/(加)安东尼·金(Anthony King)著;李光祥
译.—北京:北京大学出版社,2023.4
ISBN 978－7－301－33842－1

Ⅰ.①美… Ⅱ.①安… ②李… Ⅲ.①民主—研究—美国
Ⅳ.①D771.221

中国国家版本馆 CIP 数据核字(2023)第 046210 号

THE FOUNDING FATHERS V. THE PEOPLE: Paradoxes of American Democracy
by Anthony King
Copyright ⓒ 2012 by the President and Fellows of Harvard College
Published by arrangement with Harvard University Press
through Bardon-Chinese Media Agency
Simplified Chinese translation copyright ⓒ 2023 by Peking University Press
ALL RIGHTS RESERVED

书　　　名	美国民主的悖论 MEIGUO MINZHU DE BEILUN	
著作责任者	〔加拿大〕安东尼·金　著　　李光祥　译	
责 任 编 辑	邓丽华	
标 准 书 号	ISBN 978－7－301－33842－1	
出 版 发 行	北京大学出版社	
地　　　址	北京市海淀区成府路 205 号　100871	
网　　　址	http://www.pup.cn	
电 子 信 箱	law@pup.pku.edu.cn	
新 浪 微 博	@北京大学出版社　@北大出版社法律图书	
电　　　话	邮购部 010－62752015　发行部 010－62750672 编辑部 010－62752027	
印 　刷 　者	北京中科印刷有限公司	
经 销 　者	新华书店	
	880 毫米×1230 毫米　32 开本　12.5 印张　156 千字 2023 年 4 月第 1 版　2023 年 4 月第 1 次印刷	
定　　　价	58.00 元	

前　言

　　本书由一篇论文扩充而成。我在书里试图以全新的角度去审视已众所周知的事实，并提醒大家，有些事情本该已广为人知，实际却并非如此。换言之，我是想激励读者去怀疑一些他们从来都只是想当然、而没有认真思考过的事情。至于说本书的原创性，则在于它对已有研究成果和观点所进行的收集和汇编。我的目的是要——打个比方说吧——用别人烤制好的琉璃片去制作一个全新的马赛克。

　　这也不是一部历史著作。尽管书里大量引用历史学家的著作和过去的遗产，但它并不是一本关于过去的书。它所关注的是现在——是当今美国政治体制运作

1

上的问题。我引用过去，只是为了说明现在，因为现有制度的某些特征如不回到过去来看，就显得莫名其妙。书中那些关于过去的故事，并不是让我们用来标新立异、挑起争议或卖弄学识。相反，它们是用来帮助我们理解我们自己所处的年代，而不是已过去的那几个世纪。

　　作为一个定居英国的加拿大人，我写美国多少还是有些忐忑的。在美国，勤奋且才华卓越的政治学家和历史学家数不胜数，数量之多，堪称世界之最。他们对美国的过去及现行政治体制的运作进行了孜孜不倦且富有想象力的研究。这本书就是建立在他们的专著、文章和讲座之上。他们中可能有人会认为，由于我作为一个外国人的无知，在事实和理解上都有可能失之毫厘而谬以千里。他们也许是对的。我唯一想争辩的是，外国人可能会注意到一个社会中一些最容易被本国人所忽视的重要特征。

　　此外，尽管美国无疑是人类有史以来最成功且最具

2

魅力的社会之一,但美国人却往往对别人的批评异常敏感。本来只是平常的疑问和观察,他们却往往会视之为批评。本书之用意并不是要批评。它只不过是想挑动美国人去思考他们政治制度里的一些问题,而这些问题如果他们能平心静气地认真思考一下,他们自己恐怕也是要提出批评的。在《论美国的民主》一书中,托克维尔一笔带过地提到"美国人这种暴躁的爱国主义"。我希望不会有美国的爱国者因为读了本书而暴跳如雷、火冒三丈。

我要感谢的人很多。本书第 2 章至第 5 章所谈及的历史事件所涉及的众多作者中,我首先要感谢的人有:詹姆斯·麦迪逊——他的《1787 联邦大会辩论笔记》内容丰富且富有幽默感;亚历西斯·托克维尔(这是当然!);戈登·伍德;艾德蒙德·摩根;詹姆斯·莫罗内;亚历山大·凯萨尔;汤姆斯·乔贝尔以及理查德·霍夫施塔特。在当代政治学家中,我尤其要感谢的人,除上述已提及者外,还有布鲁斯·阿克曼,罗伯特·道尔,汤姆斯·克罗宁,大卫·凯维格,约翰·希宾以及他的同事伊丽莎白·泰斯·莫尔斯。因为本书只是一篇论文,而不是一部专著,所以我不想使用太多的注解,而很多时候只是在直接引用时才进行加注。因为我所大量使用的那些作品并不总是直接引用,所以我提供了一个参考书目,希望借此可以填补注解上的一些遗漏。

在本书的用语上,有两点需要特别说明。尽管我当然知道美国的建国之父与1787年宪法的缔造者并不是同一拨人(例如杰斐逊就没有出席1787年的制宪大会),但两者确实是相互重叠的,所以我恐怕是在不加区别地使用"建国之父"和"制宪者"这两个概念,而很多美国人确实也是这样做的。我常常是不十分严谨、不完全准确地使用"建国之父"来指参加费城制宪大会的代表,但我的真正含义在具体语境里应该总是清楚的。用"framer"这个词来指"制宪者"有点麻烦,因为它有"框定"的含义,容易让人联想到裱画师,或者是门窗匠,同时它还可以指干犯诬陷或陷害这种刑事犯罪的人。

另一点是关于性别的。作为一个原型女权主义者，我当然宁愿通篇都使用中性词汇，但遗憾的是，那样做会对英语语文造成严重损害，而且会导致出现诘屈聱牙的长句和混乱的文法。同时，那样做还与事实严重不符，因为直到近代，男性都在美国政治生活里完全占据统治地位。所以，我希望读者能原谅"他"，当严格来讲应该是使用"他和她"的时候。在任何合适并且语法允许的地方，我都尽可能地使用"她"。我十分期待会有那么一天，美国人民会以英国、德国以及许多其他欧洲国家为榜样，选出一名女性作为他们的国家领导人。

我在上面列出了许多我要感谢的人。但从个人角度而言，我最要感谢的是我的妻子简，以及哈佛大学出版社那两位匿名的审稿者和帮我看完整部书稿的六位善良宽容的美国好友：塞斯·杜宾，詹妮弗·霍西查尔德，加里·雅格布森，乔克·琼斯，汤姆·曼恩和大卫·梅休。他们提出了许多具体有用的意见，我几乎都全部采纳。我对他们的感激之情是如此难以言表，以至于我现在就立即给予他们完全的文责豁免。这本书所有的错都不是他们的错，而这本书任何的好要归功于他们的努力。我还要感谢我的前同事艾伯特·韦尔，他帮忙看了第6章并提出了许多意见。这是我这本八章书中理论性最强的一章，所以特别需要他的高见。

然而，仅就付出的时间和精力而言，我特别要感谢我在这个项目上的两位助手：尼古拉斯·艾伦，他原是埃塞克斯大学的研究生，现在是伦敦大学皇家霍洛威学院的政治学老师；以及西塞丽·贝尔，她在我写这个前言的时候还是埃塞克斯大学的研究生，但以她目前的神速进步，用不了多久应当就可以学成毕业了。他们给这个项目带来的不仅仅是毅力和能量，而且还有无限的聪明才智和想象力。没有他们，这本书或许也会开始写，但恐怕难以完成——或者即使得以完成，质量肯定也要差远了。我向他们俩致敬！

目　　录

1

一连串疑问

生活在任何国家尤其是像美国这样一个大国的人，往往都容易把其国家的体制、习惯和做法视之为当然，而不会加以格外的留意。一切都显得如此合适、自然，甚至是老天的安排。对现状的任何干扰都会引起不安，于是，现状总是得以维持，轻易不受质疑。是什么就是什么，尤其是那些由来已久的东西。即使对国家制度有任何异议，他们的批评也不会越雷池半步，而是限于已有的认知框架之内，把现有制度之主体视为不可动摇，是某种自然秩序的组成部分。这里的意思不是说他们要赞美或苛责现有的制度，而是说他们就是如此简单地接受这个制度。一个国家的文化和体制里最有意思的部分往往就是本国人几乎意识不到的那些东西。

而外国人则会百思不得其解，为什么本地人是如此穿着，如此相互问候，吃这样的东西，为什么他们是靠左而不是靠右行。难怪许多关于一国文化最细腻的描述都是外国人写的——或是人类学家，或是记者，或是那些寻找异国风情的旅行者。对一个国家的政治和政治体制的讲述，亦然如是。托克维尔的《论美国的民主》写在一个半世纪以前，但如今读来仍然让人心旷神怡并获益良多。甚至现在，读者还能感觉到托克维尔对其在美所见所闻都觉得匪夷所思时的那种茫然与错愕。

这一章的目的，是要请本书的美国读者来把他们视之为当然的美国政治制度的某些方面看成是陌生和奇怪的，而且问题百出，有些问题甚至连他们自己也会觉得相当微妙且无从回答。换一句话来说，这一章的目的是要把熟悉变为陌生，从而刺激我们对过去从未思考过的事情提出质疑。所以，这一章要提出一连串的疑问，是大多数美国人（包括对政治最敏感的美国人）都不会感到困惑、而外国人则会觉得莫名其妙的事情。

本书的总论点是，美国政治制度中许多令人疑惑的特征与地壳两大板块互相摩擦时不可避免要出现的地表扭曲情况非常相像。或者打比方说吧，美国政治体制的内在深处有着一种"地质错误"——这里的"错误"是不是通常意义上对错的"错"，可另当别论，留到最后一章再说。大多数政治体制，尤其是现代民主国家的政治体制，都是建立在有限几个相互包容的政治原则之上。本书的观点是，美国政治制度现在是，过去几十年也一直是，建立在两个相互对立的理论原则之上——这两个原则不但互不相同，而且几乎在任何时候都会互相冲突。这两个原则，一个是建国之父们概念中的"宪法"政府，以三权分立为特征，有着各种各样的监督和制衡；另一个我们在下文称之为"激进民主"，它认为在真正的民主制度里,人民而且只有人民才能当家作主,人民的好恶而且只有人民的好恶才是在任何情况下都具有决定性的。换言之,在美国政治制度内部的最深处,存在着强烈的张力以及严重的理论混乱。

让我们就从这一连串的疑问开始吧。疑问确实不少,而且没有一个不是事关重大,可以不分特别次序把它们罗列出来的。

先来看美国政治制度中最为奇怪的一个特征:对有资格成为美国总统的各类人所施加的种种严格限制。在任何民主国家,国家的任何公民,无论他或她的出身如何,法律上讲都可以成为其国家的政府首脑,而个人可以成为政府首脑的年龄大约和他或她获得投票资格的年龄相同。例如,在西欧的大多数国家,个人有资格成为国家议会下议院议员的年龄——因此在议会制国家里就有资格成为首相——要么与他或她获得投票资格的年龄一致,要么只是稍大几岁。其他已有一定历史的民主国家如加拿大、澳大利亚、冰岛和新西兰的情况也是如此。英国更是典型，投票年龄是 18 岁。所以在这个岁数，英国人就可以当选为下议院议员从而也就有资格可以成为首相。1783 年，小威廉·皮特一鸣惊人——或者说是异乎寻常——地在年纪轻轻的 24 岁便当选为首相。有些国家在投票年龄和国家最高职位的资格年龄之间确有法定的差别，但差别通常都很小：例如，澳大利亚、比利时、冰岛和卢森堡是 3 年，奥地利则只有 2 年。

主流西方世界与美国之间的对比，差异立见。《美国宪法》第二十六条修正案（1971 年通过）规定："年满 18 岁和 18 岁以上的合众国公民的选举权，不得因为年龄而被合众国或任何一州加以拒绝或限制。"然而，《美国宪法》第二条——该条从 18 世纪后期到现在从来没有修订过——对公民参选总统的资格作出了三种限制。

第一,总统必须"生为合众国公民"①。也就是说,归化公民,无论他或她成为美国公民已有多久,都没有资格成为总统。第二,任何人如"年龄未满35岁,也不得当选为总统"。也就是说,18岁至34岁的人都不可能当选为总统。第三,任何人若想当选总统,必须"在合众国境内住满14年"。

显然,这三条规定里至少有两条是有解释空间的。什么叫"生为合众国公民"?若某人出生于美国海外军事基地,父母是美国公民,那他可以算是"生为合众国公民"吗?同样,某人"在合众国境内"住满14年必须是以连续居住的年数计算吗?儿童时期的居住年数也计算在内吗?但这些解释细节可以先暂搁一边,核心的事

① 译注:英文是"natural born citizen … of the United States"。本译著对美国宪法条款的翻译主要参考:李道揆:《美国政府和美国政治》(下册),商务印书馆1999年版,第775—799页。

实是有很大一部分美国人被完全剥夺了可能担任国家最高领导职位的资格,但假如是在世界上其他任何一个民主国家,他们是拥有这一权利的。而在美国,即使他们是美国公民,他们也没有资格参选,当然也就没有人会投票给他们。

用任何合理的标准来衡量,被排除在国家最高领导职位之外的美国人,其数量之大,都足以令人瞠目结舌。在 21 世纪初,美国人口接近 3 亿。在这 3 亿人中,大约有 2 亿是 18 岁或以上的美国公民,因此除极少数外都是有投票权的。然而,并不是所有这 2 亿人都有资格成为总统。相反,目前只有大约 1.35 亿美国人是符合既有投票权同时还是“生为美国公民”而且年龄在 35 岁或以上这个条件的。这就意味着目前只有大约 2/3 符合投票年龄的美国公民有资格成为总统,将近 1/3 符合投票年龄的公民——总共约 6500 万人——是没有这个资格的。这个巨大的落差比任何欧洲国家都要大很多。

大多数成年美国人都被赋予了投票权，但他们同时也被剥夺了投票给任何他们喜欢的人的权利。很少有美国人注意到这一点，更谈不上反对了。

此外，美国人并没有喜欢谁就投票给谁的完全自由。假如可以（曾经是可以的）竞选第三或第四个任期，那么肯定会有一个或更多的乔治·华盛顿、托马斯·杰弗逊、詹姆斯·麦迪逊、安德鲁·杰克逊、亚伯拉罕·林肯和尤利西斯·格兰特再次或第三次当选总统。实际上，富兰克林·罗斯福就是第三次当选总统。然而，《美国宪法》第二十二条修正案（1951年通过）规定：

> 无论任何人，当选担任总统职务不得超过两次；无论任何人，在他人当选总统任期内担任总统职务或代理总统职务两年以上，不得当选担任总统职务一次以上。

假如这个修正案早已实施，那么华盛顿和杰弗逊等人就不得竞选连任多于一次,而美国选民投票给他们也不能多于两次。所以,无论美国选民实际上有多么心甘情愿,他们也不能在1960年再选举德怀特·戴维·艾森豪威尔当总统,不能在1988年再选举罗纳德·里根,也不能在2000年再选举比尔·克林顿或在2008年再选举乔治·(小)布什。

因此,任何一位美国总统任期都不能超过8年,即使离任后一段时间再来也不行。从这里可以再一次看到,美国与西方世界其他大多数国家之间的反差是如此巨大。在西半球以及一些东欧前社会主义国家,实施美国这种国家首脑任期限制的情形是非常罕见的(法国只在2008年对其总统有过两届任期的限制)。在大多数欧美国家,选民有完全的自由想投谁的票就投谁的票,而且想投谁几次就可以投谁几次。在二战后的几十年里玛格丽特·撒切尔担任英国首相十一年,托尼·布莱尔担任英国首相十年,戴高乐担任法国总统十年,而康拉德·阿登纳担任原联邦德国总理十四年——这个长任期多任期的欧洲、加拿大、澳大利亚和新西兰的首相、总统、总理的名单远不止这四个。这些国家的选民有权选出他们的政府首脑，愿意选他们出任多少次都行，而美国选民就没有这个特别的权利。美国选民有投票自由，但以国际标准来说，他们在可以投票给谁上是特别不自由的。

所有这些并不是要说美国宪法的这些规定是错的。对任期限制，可以找出它的理据，甚至是相当有说服力的理据。对担任政府首脑要求必须达到一定的最低年龄，也可以找出它的理据，甚至是相当有说服力的理据。对国家元首必须是生为本国公民这个规定，也还可以找出它的理据，尽管可能不是那么有说服力的理据。这里的意思反而是，这些特别的规定是美国特有的，但它们看起来确实有点怪怪的，为什么在一个民主国家里，选民的选择范围会受到如此局限。至少，对外国人来讲，这确实让人心生疑问。

当然,有人会争辩说上述这些限制是白纸黑字写在美国宪法里的,而美国宪法又极难修改——比许多国家宪法的修改都要难得多。诚然,这是事实。但这个说法忽略了几个非常重要的地方。一个是美国宪法尽管极难修改,但毕竟是一次又一次地被修改过的,其中有两个修正案刚才还谈到了;另一个是经修订过的宪法,似乎完全是走向相反方向,第二十六条修正案大大扩大了选民范围,但第二十二条修正案对同一个人的选举权(至少在总统选举方面)作出了两种以上的限制。这就让人感觉困惑。更令人不解的是,美国作为世界上最早及最为举足轻重的民主国家,居然继续接受诸如宪法第二条里所包含的那些限制总统参选资格这种限制民主的条款作为宪法的一个组成部分。在这里,我们几乎已听到了两大板块之间咯吱咯吱的摩擦声。

另一个疑问——至少对外国人来讲是个疑问——

是关于全民公投。全民公投是美国政治生活的一个核心特征，关心政治的美国人几乎都参加过一两次全民公投。美国除特拉华以外的所有州都搞全民公投，有些州更是经常在搞。最近比较典型的是2006年，这一年，亚利桑那州就不同议题举行了19次全民公投，加利福尼亚州10次，科罗拉多州14次，南达科他州11次，内华达州10次，俄勒冈州10次，罗得岛州9次，佐治亚州9次，路易斯安那州8次，以及在其他一些州进行的另外28次。在西部的一些州，全民公投几乎就是常态。

然而，许多全民公投的议题都是些无足轻重的小事。在2006年的全民公投里，亚利桑那州决定怀崽的母猪应获得一个最低标准的活动空间，密歇根州则拒绝废除一条禁止猎杀哀鸽的法律。但亦有很大一部分全民公投的议题无论如何都不能算是无足轻重的小事。在美国，被诉之于全民公投的议题包括税收、借贷、公共财政开支、工商管理、环境监控、教育、合法赌博、社会福利和劳工法律、司法改革以及死刑的适用,等等。除特拉华以外的每一个州都要求,州宪法的修改必须交由人民进行全民公决。

当然,很多欧美国家也经常搞全民公投。加拿大和英国都只搞过 1 次全国性全民公投,但自二战以来,意大利至少举行过 36 次全民公投,澳大利亚 25 次,法国 14 次,波兰 12 次以及西班牙 5 次。和美国一样,这些全民公投大都授予人民决定一些重大事情的权力。在英国,英国人民于 1975 年投票决定英国是否应留在"欧洲经济共同体"(即如今的"欧盟")内。① 在法国,法国人

① 译注:英国于 2016 年 6 月 23 日举行脱欧公投,结果英国人民决定脱离欧盟,这次公投是全国性的。此外,2011 年英国就是否引入另一种选举制度(排序复选制)还举行了一次全国性全民公投。因此作者刚刚在上文提到英国只搞过一次全国性公投,这只是截止到 2011 年的情况。截止到 2018 年,英国共举行过 3 次全国性公投。

民用公投决定了一系列宪法问题,从给予阿尔及利亚独立到法国与欧洲其他国家的关系条款等。在意大利,二战后36次全民公投解决的问题包罗万象,从在意大利废除君主制到禁止体外人工授精,等等。澳大利亚人民曾公投决定澳大利亚国歌是否应当是"前进,美丽的澳大利亚"①。

但是——这就是疑问之所在——美国从来没有搞过全国性全民公投。为什么不呢?简单以联邦宪法没有规定全民公投(这是事实)为理由不足以说明问题。首先,联邦宪法是可以修改的。其次,更确切的是,尽管联邦宪法没有规定可以举行全民公投,但它当然也没有规定不得举行全民公投;不像德国基本法,美国联邦宪

---

① 译注:英文是 Advance Australia Fair,澳大利亚联邦政府的官方中译是"前进澳洲美之国",窃以为倒不如直白的译法更为响亮流畅。

法不预先排除全民公投。如果美国国会就某个议题组织一次全国性不具约束力的全民公投，就像英国议会1975年就英国的欧共体成员身份问题举行的不具约束力的全民公投一样，那是完全可以做到的。在美国，似乎缺了点东西。是什么呢?

上述是我们的两个疑问了。再来考虑这一个:堕胎。在世界上大多数主要国家，是否允许打掉未出生的胎儿，以及如果允许的话需要什么前提条件，是由人民或者他们的代表(通常是后者)来作出决定的。在法国、意大利、西班牙、英国以及其他欧洲国家，堕胎的法律都只能由国家议会来制定。在爱尔兰、意大利和葡萄牙等国，人民通过公投在这个问题上表达意见，有时甚至是决定性的意见。在澳大利亚，堕胎法大都是由各州议会来制定。

但在美国，却是非民选且无须问责的法官在制定堕胎政策上扮演至关重要的角色。为数不少的州，都曾在这个议题上举行过全民公决，而且几乎在每一个州，堕胎问题——至少是在开始时——都是要么由人民决定，要么就是由州立法机关即议会决定，但这也仅仅是在开始的时候。最重要的那些决定——就是划定每个州自主权范围的决定——都是由美国最高法院作出的，也就是由那九位非民选的法官大人作出的。这些决定都体现在最高法院一系列案件的判决中，比如*罗诉韦德案*①以及*东南宾夕法尼亚计划生育中心诉凯西案*②。人民说了什么或者什么也没说都无所谓，反正是最高法院说了算。由非民选法官扮演如此重要的角色，在欧美国家中只有加拿大、德国和波兰是这样的。

另一个疑问可能更重要，同时也更令人不解。人们

---

① 译注：*Roe v. Wade* (*1973*).

② 译注：*Planned Parenthood of Southeastern Pennsylvania v. Casey* (*1992*).

一般都以为,在民主国家里,是选民而且只有选民才可以决定谁来代表他们,以及谁来担任由选举产生的公职。在民主国家,纠缠于谁在某一选举中真正胜出的重大争议非常罕见,选举结果通常是一清二楚的。当然偶尔也会出现争议,如果对谁在选举中胜出有重大争议,很多国家的解决办法是要么重新举行选举,要么就由一个中立机构重新点票——这个机构可以不是原来那个点票机构,也可以是原来点错了票的同一个机构。换句话来说,总的办法就是由选民而且只能是选民来作出最终的决定。

但美国就不严格实行这一原则。众所周知,2000年美国总统大选在小布什和戈尔之间出现到底是谁胜出的重大争议。争议的焦点在于佛罗里达这个州的选举结果。共和党认为毫无疑问是他们的候选人小布什赢了,但民主党则认为,如果不是一系列错误的闹剧(或者说是悲剧),在该州胜出的人本来应该是戈尔。民主党声称导致选举结果出错的原因包括一个有漏洞的选民登记系统、错误百出的投票机器、让人无法看懂的选票、有人故意点错选票，以及怀疑选举管理体制被人操控，因为有关的州官员公开声称自己是共和党人，是由共和党选举出来担任该职位的，还曾经是小布什佛罗里达州竞选委员会的共同主席。

显然，这个个案在事实方面确实有可以合理争议的地方。双方都可以罗列出一套理据，但有理性分析能力的普通人都可能有理由不予认同。事已至此，案件就从佛罗里达州法院一路打到美国最高法院，而最高法院最终在 2000 年 12 月作出判决。但对于一个美国以外的旁观者而言，令人惊讶的不是最高法院作出了判决，而是在于它所作判决的性质。

最高法院的判决没有说案件确实存在着合理的争议，也没有说由于选举结果既不清楚同时还可能无法弄清楚，因此佛罗里达州的选举应当重新举行。相反，最高法院是主动作为，自己来决定是谁赢得了选举——不仅仅是在佛罗里达州胜出，而且（受此影响）是在整个美国胜出。因此，决定2000年美国总统选举结果的，不是佛罗里达州的选民，而是那些非民选的法官。既然美国是一个民主国家，这样的结果——往最轻里说——就显得有些奇怪。这就是我们的又一个疑问（更令人疑惑的是，大多数美国人当时似乎都认为这个结果即使算不上十分理想，至少也是合理的，并且以他们国家的行事方式来讲，这也是一个自然的和不可避免的结果）。

美国制度里还有一个让外国人、甚至也让美国人感到困惑的特征，也是与选举有关。这个疑问就在于美国同时存在的两种完全不同的总统选举体制：一个是1787年宪法确立的"选举人团"制度，另一个是20世纪大多数州所采用的"直接初选制"。"选举人团"是一种间接民主，是一种——这么说吧——隔代的民主。选民把选票投给相互竞争的总统候选人，但他们的选票并不像

（比如说）法国总统选举那样是全国统一计算的。相反，美国总统选举的选票是每州分别点算，在一州（除两个小州外）赢得多数选票的候选人就得到这个州的全部选举人票。通常情况下，赢得多数民选票的候选人同时也就赢得大多数的选举人票，但也并非总是如此。类似美国"选举人团"的机构在其他一些国家确实也有，但它们只是用来选举没有实权、主要履行礼仪职能的国家元首。

"选举人团"作为一项意在确保一般情况下由选民作主但又不能完全或总是让选民作主的顶层设计，其继续存在本身就让人觉得奇怪，而令人更为不解的是它与直接初选竟同时存在。选举人团制度是要在选民和候选人之间拉开（现在偶尔还能拉开）一点儿距离，而直接初选制则是要选民和候选人直接面对面，把所有公职包括总统职位候选人的选择权几乎完全交到了人民的手中。表面上看，后者显然比前者更为民主。

在世界主要民主国家中,美国实际上是独一无二的一个既实行选举人团制度又搞直接初选的国家。只有玻利维亚、哥伦比亚、哥斯达黎加和乌拉圭真正地搞美国式的直接初选。有些国家也搞所谓的"初选",但实际上并不是美国意义上的初选。真正的美国式初选有两个特征。第一,选举是由举行选举的州的州政府来组织:美国的初选不是由两大相互竞争的政党来组织,也就是说不是政党他们自己的事,而是由政府组织的真正选举;第二,美国的初选不像在其他国家那样局限于党员之间选党的候选人,而是所有的登记选民都可以合法参与。

到了今天,美国的直接初选已深深融入美国政治生活的肌体。大多数州都会例行地举行国会、州长等州内初选,而大约有三四十个州以及哥伦比亚特区和波多黎各还举行总统初选。在有些州,初选是"不开放"的,但实际上也不是完全不开放,因为那些潜在的选民所要做的一切只是宣称自己属于某一政党。在其他一些州，初选则是"开放"的，而且他们确实是完全地开放，那些潜在的选民所要做的一切只是选择投票给这个党或另外一个党。在路易斯安那州，初选已经不是初选了，因为所有党派的候选人都在同一个选举中相互竞逐，所以更像是法国那种两轮大选中的第一轮选举。然而，无论具体形式如何，美国的所有初选比世界上任何其他地方的选举都更能把政党的一个核心功能——挑选候选人——与广大的普通选民更紧密地联系起来。也正因如此，它们与旨在将选民和候选人拉开一些距离的选举人团制度是背道而驰的。但这两个制度却在同一个国家共存并举，岂不怪哉！我们再一次听到了两大板块之间咯吱咯吱的摩擦声。

而更令人惊讶的是美国所广泛采用的法官选举安排。在世界主要民主国家中，美国是唯一一个法官由人民定期选举产生的国家。在世界其他地方，法官都是由政府任命,通常有一个独立委员会参与,而且法官只要"行为良好"就可以终身任职或一直任职到法定退休年龄。法官有任期的保障,而在大多数国家,法官的晋升都严格遵循"从优原则"。在世界主要民主国家中,只有意大利曾在近年出现过试图损害司法独立的公开行径。

美国的做法完全不同。在五十个州中大约有四十多个州,其全部或大部分州法官是由该州人民选举产生,或者须经过该州人民确认后才能就职。有时候,这种选举实际上就是政党之间的竞争,有时候则不是。俄亥俄州是个极端例子。在该州,不仅仅是州法官大选是在政党之间竞争,而且法官候选人也是通过政党的直接初选来挑选。在一些州,法官一旦得到人民确认就职,他们就获得相当长年限的任期保障。然而,在绝大多数州——在本书写作的时候大约有四十多个州,所有或大多数法官如果还想继续做法官就必须像其他需要竞选

23

的公职人员一样去竞选连任。只有在一小部分州，获委任的法官无须直接面对选民。这些州目前包括康涅狄格、特拉华、夏威夷、缅因、马萨诸塞、新罕布什尔、新泽西、罗得岛、南卡罗来纳、佛蒙特和弗吉尼亚。凑巧的是，除夏威夷外，所有这些州都是在东岸或靠近东岸的。所有这些州——除了夏威夷和缅因州（当时它们还不是美国的州）——很早就通过了1787年宪法。

外国观察者对美国的法官选举会在两个不同方面感到困惑——除此之外还有一个明摆着的事实，就是美国关于法官大选的规定在海外没有相同的例子。一个方面是，尽管在大多数美国州，州法官的产生需要通过民主选举或民主确认，但没有一个联邦法官是选举产生的，也没有任何一个联邦法官需要经过任何形式的民主确认或需要进行民主问责。为什么不呢？和我们前面提到的疑惑一样，只拿宪法来说事是没有意义的。1913年宪法第十七条修正案规定参议员由直选产生。为什么不修改宪法规定联邦法官也必须由直选产生呢？再者，即使不这么修改宪法，国会只要愿意，还是可以立法规定联邦法官须由选举产生，只不过选举产生后还必须经总统正式提名，再经参议院通过后方可就任。当然，这样的立法，国会根本不可能通过，总统更不会签署，所以只会给这个事徒增几分神秘感而已。

另一个让人对美国法官选举制度感到困惑的原因是更为理论上的。表面上看，法官的直选——而他们如果希望继续留任就必须去竞逐连任——似乎有违法治的一条核心原则，即法官在担任法官时应完全独立于其他政府部门，独立于人民。他们不应当受到来自行政或立法机关的压力，而且恐怕也不应当受到来自人民的压力。美国宪法体现了这一原则。《美国宪法》第三条确立了"合众国的司法权"，而且明确规定"最高法院和下级法院的法官如行为端正，得继续任职，并应在规定的时间得到服务报酬，此项报酬在他们继续任职期间不得减少"。换言之,法官应当是独立的:他们不应当因为所作出的判决而被扫地出门或忍饥挨饿。然而,在美国为数不少的州,由于法官可以并需要竞逐才可连任,他们可能要承受的外部压力——来自投票选举他们的选民和可能不再支持他们连任的选民——可以说是无处不在。这是又一个疑问。

本书接下来就是要解析诸如上面提到的这些疑问——以及其他一些还没有提到的疑问——或者至少要起抛砖引玉之效。为此,我们将深入探究我们所提到的那两个不同的"地壳板块",检验它们之间的相互关系和张力。我们主要作观察和分析,基本上不作裁断。只是在最后,我们将会对两大板块的合拢对接对美国民主的健康运行意味着什么作出一个评估。

那么,就让我们从现代美国政治制度开始的地方开始吧:1787年那个漫长而炎热的夏天,费城原宾夕法尼亚州议会大厦。

2

谁——和什么——是"人民"?

　　1787 年在费城起草宪法时,他们选择使用这七个字作为宪法的开头:"我们合众国人民"。现在,我们都把这七个字认为是理所当然,但在那个历史背景下,这可称得上是有史以来最不平凡的篇章之一。当这七个字被郑重写下之时,在遥远的大西洋彼岸,更不要说在非洲、亚洲、奥斯曼帝国或沙俄,没有任何政治人物曾想过要把他或她的政治权威建立于人民的意愿之上,亦即建立在人民"制定和确立"(借用新宪法的说法①)的正

---

　　① 译注:此处引用美国宪法原文是"Ordained and Established"两个词,即"制定和确立",李道揆先生所译的《美国宪法》将此处融通译为"**特为**合众国**制定**本宪法"(黑斜体为译者所加)。

式法律文件之上。美国革命结束了,而真正富有革命性的是这一份文件。那些起草这份文件的人,也包括大多数读过这份文件的人,都对此深信不疑。

然而,谁是这个神秘的大众——"人民"?而且,除了"制定和确立"美国新宪法外,他们在新成立的联邦政府的运作中扮演什么样的角色?甚至在两个多世纪后的今天,对这些问题的回答仍然是理解美国政治和政府之关键所在。历史学家在讲述1787年制宪大会时,大都集中于与会者所关注的那些问题:新的全国政府应当拥有什么权力、大小州应有怎样的政治比重、在每十年的人口普查中是否要计算黑奴以及(如果要算的话)该如何计算、州际和对外贸易的管制、货币、税收,等等。

然而,吊诡的是,制宪大会代表所指的"人民"是什么含义,他们在使用这个特定名词时心里到底是怎么想的,历史学家对此都很少涉及,甚至无话可说。但在我们看来,这个非同凡响的词对他们来讲是什么含义,是一个非常重要的问题。所以,本章就是要弄清楚这个问题。相对于许多其他国家而言,美国政治制度的遥远过去在今天仍得以充分延续。美国的过去在今天仍在大声回响,而如果用心聆听,你会发现这些回声在现代人听来既奇特又陌生。为了认识今天美国的政治制度,我们有必要更多地了解1787年那个夏天所发生的事情。

在今天这个已实现普选的时代,我们生活在民主社会的人,很容易就把"人民"看成是包括有资格投票的每一个人,而所有有资格投票的人就共同构成了"人民"。我们还很容易把选民和全体公民简单地相提并论。但出席1787年制宪大会的大多数代表并非这么想。他们对"人民"这个概念的理解与我们并不一样。仔细阅读麦迪逊记录大会情况的笔记,你会发现那个夏天的在座者对"人民"这个概念心里所想的是三种完全不同类别的人。①

　　一个类别是"选民"，就是极少部分有权投票的人。第二个类别范围要大许多，包括了所有在美国生活的人：活生生的人，不分性别、不分年龄、不分社会地位、不分贫富、不分职业。第三个类别——这个类别通常被称为"人民"——既不是指符合资格的选民，也不是指全体美国人口。第三个类别是一个更为复杂和抽象的概念。它实际上就是一个概念，一个知识工具，一个概述。它并没有具体现实的指向群体。大家都可以优雅——似乎又是意味深长地——大谈"人民"，而实际上既不是指全体选民，也不是指全体美国人民。这个词

---

　　① James Madison, *Notes of Debates in the Federal Convention of 1787*, Bicentennial Edition (New York：W. W. Norton, 1987). 以下将麦迪逊对会议的记录简称为"笔记"（*Notes*）。麦迪逊的拼写和标点，我们在个别地方会作些微调——仅仅是微调而已，目的是使意思更为清晰明了。

汇的魅力就在于它的模棱两可。"人民"所具有的这三位一体、相互交织但又互不相同的含义,对我们来说完全是陌生的。但是,为了弄明白在制宪大会上所发生的事情,我们就必须对这三种含义进行逐一分析。大多数制宪大会代表对这三种含义是能够区别对待的。我们也要这么做。

我们先来说说"选民"。制宪大会的代表当然不会认为选民和人民是同一回事,大多数代表也知道,作为个人的人民,很多人是不会(甚至永远不会)成为选民的。他们想当然地认为妇女和儿童——尽管他们是看得见摸得着的人,因此也是人民——并不适合投票。他们对于黑奴是不是人这个问题的看法南辕北辙(不过,为了避免在大会上产生分歧和敌意,他们刻意回避讨论这个问题);然而,不管看法如何,他们中大多数人还是想当然地认为作为动产的奴隶,就像妇女和儿童一样,不应该也不适合成为选民。这样,有可能成为选民的人就剩下大多数的成年男性,绝大多数是白人,但也有一小部分黑人,这些黑人从未是或已不再是奴隶。在制宪大会的那个时期,是由各州自己决定这个庞大的自由男性群体里谁可以去投票,比例高低各州不同,宾夕法尼亚州高达 80%—90%,但新英格兰部分地区则低于50%。几乎每个州都要求选民必须拥有土地并且纳税;一些州明确排除黑人,还有少数几个州强加某种宗教条件。比如,南卡罗来纳州曾要求选民要"接受上帝的存在,相信未来会有奖赏和惩罚"。①

可见,既然对投票权有如此大范围的限制,当然就没有人会认为有选举权的选民就等于全部人民,在费城制宪大会上也没有人这样想。如果制宪大会代表中曾

---

① 引自 Alexander Keyssar, *The Right to Vote*：*The Contested History of Democracy in the United States*（New York：Basic Books, 2000）, table A.I, p. 329, n. 4.

有人认真考虑过要界定"人民"的含义——他们恭请来"制定和确立"这部新宪法的"人民"准确来讲到底是谁,那么,他们至少可以用规定谁有以及谁没有投票权这个办法来进行界定。他们应该还可以在选民和人民之间确立某种明确的关系,或者清楚表示他们不想确立这种关系,而只是想把选民和人民区别开来。

然而,尽管建立统一的联邦选举权的可能性曾在制宪大会上提出并讨论过,但讨论还是没有真正触及谁是"人民"这个问题,而且没有任何发言者把"人民"是否需要界定这个问题明确提出来。相反,代表们讨论的是谁是选民(而不是人民)以及谁有权决定谁是选民(而不是人民)。有些代表赞成更大范围的选举权,有些则倾向小范围的选举权。由于无法就全国统一的选举权达成一致,同时还担心改变各州现有的选举安排会触怒各州那些有权投票通过宪法草案的选民,代表们在经过激烈但简短的辩论后一致同意将这个问题跳过,并把谁可以在州议会选举和联邦众议院选举中投票的决定权都留在州的手里。①换言之,如果获得选举权的选民而且只有他们才被认为是"人民",那么有多少不同的州就会有多少不同的人民,因为每个州都会自己界定本州的选民资格。当然,代表们实际上不可能只把有选举权的选民作为人民,人民是某种不同的东西。

我们暂且先把选举权问题搁一边,再来看看作为一个更大的个人集合体的人民是怎么一回事。谁才算得上是不同于其他东西(比如智力及行为低于人类的东西)的人? 在这个问题上,制宪大会的代表们同样也没有作出界定。他们没有排除妇女与儿童,但在人民的问题上,他们也没有把妇女与儿童包括在内。同样,他们没有排除但也没有包括那些肤色不同、宗教信仰不同、财富和社会地位不同的人。除了为人口统计的目的,他

---

① *Notes*, p. 406.

34

们甚至都不确定作为动产的奴隶到底算不算是人。为了人口统计目的,他们同意——北方州代表口头虽然同意但心里却是不甘——每个奴隶可有相当于一个自由人的五分之三的分量。所以,就这些目的而言,动产奴隶只是一种"部分人"——不完全是"非人",而是不完整的人,只是五分之三的人。那么,为宪法之目的,或者仅仅只为宪法修辞之目的,他们算在"我们合众国人民"之内吗?没有人愿意明说。

但不管怎样,大多数制宪大会代表都可以自然而然地从人口统计学的角度去看待组成当时美国的个人、家庭和社会群体。他们中的许多人就是这么做的,而他们对18世纪后期美国社会结构的固有认识,无疑会影响他们对"人民"这个概念的理解。不像现代美国,美国在1770—1780年代的建国时期主要还是个农业社会。大多数美国人都生活在乡下,或者在小镇和小乡村里,为以土地谋生者提供一些商品和服务。当时典型的美国人(如果说当时有美国人的话)就是农场主、农场工、契约仆人、旅店或商店店主、手工艺者,或者是几种身份兼而有之。要不然,她就是这个或那个男人的老婆或者是他的孩子。大城市还不多,但商业和文化生活已开始日益繁荣。1787年的费城是当时美国最大的城市,人口不到4万。纽约第二,人口大约3万。制造业确已出现,但还在初期,仍有待发展。

当然,当时社会是有经济和社会划分的——在土地所有者和那些为他们打工的人之间,在商人与那些把他们的商品销售到海外的人之间,在厂商与那些抵抗外国进口货的人和那些希望自由进口外国货的农场主之间,在债权人与债务人之间,在城里人和乡下人之间,甚至可能还在种植主和他们的动产奴隶之间,等等。但是,美国社会最突出的一个特征,而且这个特征也是费城制宪大会代表众所周知的,就是在贵族与平民之间、贫与富之间并没有不可逾越的鸿沟。如果用欧洲的标准来衡量,美国社会不但没有等级和社会划分,而且还非常富有流动性。农场主大都拥有土地,手工业者拥有他们的工具。任何人若对自己的土地、生意或生活方式感到不满,至少还可以另谋出路。实际上,很多人就是这么做的。

还有,人们的态度和外貌往往反映他们的真实生活。美国人的行为举止中缺少一种谦卑和礼让,这让外国人颇为震惊。他们每个人似乎都觉得自己不比任何人差。他要求同样的权利,而且认为应该被一视同仁。与欧洲相比,那种天生优越和天生卑贱的观念在这里几乎行不通,美国人根本就不理睬这种概念。在费城制宪大会刚开始时,来自南卡罗来纳州的查尔斯·平克尼大谈了一通他对这个新民族的感受和认识。他对自己的演讲甚为得意,所以特地给了麦迪逊一份(文稿)以便他记录下来:

就我们认识之所及,美国人可谓至为独

特。与别国人民不同,他们之间很少讲财产之多寡,更不比地位之高低。每个自由人均有获得保护和安全之同等权利,即使只拥有几分薄产,也足以让他们享有社会能给予的所有荣誉和特权。因此,相对于别国国民,他们之间更能产生平等,而且这是一种……将得以持续下去的平等。我说这种平等将得以持续下去,是因为在一个崭新的、拥有无比广袤且尚未开垦土地的、对移民充满诱惑力的、勤劳必有丰收的国度,将不会有贫穷和寄生者。在这个社会里,几乎每一个人都有同样的机会可以达至权力之最高位,继而可以支配整个社会的力量和情感。①

没有人反对他的说法。其实,大多数代表如果当时

---

① *Notes*, p. 187.

想到具体的美国人，那正是会在他们脑海里浮现出来的美国人形象。

作为个体或社会存在的人就不用多说了。但是"人民"，这个在宪法序言里没有界定、也不明确的集合体，该如何理解呢？他们是谁？或者更准确地讲，"它"是谁？——在建国之父们的心里，它比所有个人的总和还要大得多。这个神秘而又抽象的集合体，实乃美国宪法的合法性从而也是美国新的政治秩序的合法性的基础之所在，它是什么？或许可以说，它既有排斥性，也有包容性。

它的排斥性至关重要，特别是在18世纪后期的历史条件之下。建国之父们都很清楚，有几个元素是他们不想放入他们的"人民"概念里的。人民不能包括基督上帝或其他神圣，更不能说系由之组成或赖之以存在。直到今天，英国的硬币上都镌刻有女王陛下的肖像，周围环绕着一句用缩写拉丁文写的话："承蒙上帝恩典，女

王,信仰之守卫者",而美国的钞票上则印着这句话:
"我们信赖上帝"。但是,建国之父们并不是要把新美
国搞成任何形式的神权政治,相反,神权不会成为美国
的合法性原则。制宪大会的代表极少是虔诚的宗教徒,
有的顶多算是有神论者,有的(包括华盛顿)去教堂只
是为去而去。在制宪大会出现重大分歧几难继续的节
骨眼上,本杰明·富兰克林曾提出动议——他说他这个
动议的理据是"上帝主宰人间事务"——建议此后每天
早上制宪大会开会之前先进行一个祷告,但他的动议应
者寥寥,最后也就不了了之。①当时所草拟和最后通过
的宪法,都没有提到上帝。确实,《美国宪法》第二条第
一款明确允许新当选总统用宣言(而不一定是宣誓)的
方式来表示他们将忠实履行总统职务,这一规定至今
未变。

---

① *Notes*, pp. 209−211.

同样清楚的是,人民不是由一个君主、一个君主制或一个王朝而构成,也不是赖之而存在。英国君主乔治三世被认为是一个暴君,而且侵犯美国的权利,没有美国人(大多数是逃亡出来或不得不沉默的托利党人)会愿意继续让像他那样的人或那样的货色来当家作主。君主制会产生暴政,而美国人反君主的情绪空前高涨。制宪大会上也是如此。富兰克林在大会上代表多数发言时表示:"国王,只要他可以,就几乎没有一个不会像法老一样,先是拿走人民的所有钱财,然后再把他们和他们的孩子变成奴隶,使他们永远不得翻身。"[1]只有亚历山大·汉密尔顿赞成在行政机构之上设立一个由选举产生的君主,可以终身在位,但王位不可以世袭代传。[2]但汉密尔顿的建议得到的支持是零,而他竟然会

①　*Notes*, p. 53.

②　*Notes*, pp. 136–137.

提出这样的建议，毫无疑问损害了他的政治声誉。

更不可能的是，人民会被设想成一个贵族阶级，无论这个贵族阶级是世袭的或是其他任何形式的。大多数代表都相信，每个人类社会都必然会有某种贵族阶层——建立在才能、财富、家庭背景或者运气之上的贵族——但几乎没有代表希望在美国建立一个可以世代延续的、由管治精英统治的贵族社会。极少数或者说根本没有代表相信一个——比如说——常备贵族阶级。倘若必须要有这么一个阶级，那它也必须是非世袭的，而且对各种人才都开放，必须是一个完全自然而然的贵族体制。在一些代表看来，贵族体制就是一种由少数寡头和小集团统治的政府形式。譬如，来自弗吉尼亚州的埃德蒙·伦道夫在反对总统由参议院选举产生这个建议时，"他生怕参议院在选举总统上的影响力，再加上它的其他权力，很容易就会把这个机构变成一个真正而且危险的贵族体制"。①政治家往往只在意见分歧的问题上进行严肃认真的讨论,但在费城会议上,"合众国不得授予贵族爵位"这一条款,根本没有进行讨论,更不要说严肃的辩论,就在没有任何反对意见的情况下简单地获得通过。

但抽象的"人民"概念还有另一个更具体的作用。除上述外,还有一些东西比如州议会,也不在人民的范围之内。大多数制宪大会代表都坚定地认为,新宪法的合法性必须牢固地建立在一个不是由(甚至不包括)各州议会组成的基础之上,尽管在 18 世纪后期来讲,州议会是最接近人民的权力机构。大多数代表希望创建一个强大、高效、更加集权的全国政府,他们害怕,如果州

---

① *Notes*,p. 584. 詹姆斯·威尔逊在后来的辩论中也提到相同的观点,并进一步强调参议院的权力会有"变成贵族政治的危险倾向"(p. 587)。

议会被赋予批准新宪法——新政府将赖此宪法才能成立——的权力，它们可能会拒绝批准，因为（理由完全合法）新宪法会剥夺它们的许多现有权力。

从那些希望建立一个更强大中央政府的代表的观点来看，宣称新宪法为"人民"所"制定和确立"，有很多好处。它让那些国家主义者和联邦主义者在制宪大会上以及在后来，都可以把任何关键问题说成是"人民"对各州的问题。特别是，代表们可以借此坚持要求新宪法必须由人民选举产生的州制宪大会直接通过（或者更准确地说，由州的选民来直接通过），而不是由州议会来通过。主张建立一个更高效中央政府的人估计，由人民直选产生的州制宪大会比权力受到威胁的州议会更有可能通过新宪法。他们几乎肯定是对的。"人民"这个术语，即使不作界定（或者说正因为不作界定），反而成为那些国家主义者和联邦主义者非常有用的舌战利器，可正反两用，随心所欲，让对手——那些急于保护州权的制宪大会成员们——几乎难有招架之功。

制宪大会在两个不同场合讨论过由谁来通过新宪法这个问题，两次都是联邦主义者赢了。马萨诸塞州的埃尔布里奇·格里强调最后的决定权应留在各州手里——"他相信，付诸人民会引起极大混乱"——但他和他的极少几个支持者势单力薄，完全处于下风。弗吉尼亚州的乔治·梅森坚持认为州议会没有法定权力来批准新的联邦宪法，他雄辩地问道："我们应诉之于谁？"然后自问自答："要诉之于人民，因为所有权力属于人民，除了他们在宪法里放弃的之外。"麦迪逊在两个场合都发言了，他认为"宪法由人民用自己的最高权威并以最不平凡的方式通过，是不可或缺的"。[1]最后表决时，只有马里兰州和较小的特拉华州站在了州权立场这

---

[1] *Notes*，Gerry，p. 349；Mason，p. 348；Madison，pp. 70，349.

一边。

所以,人民不是上帝,不是国王,不是一个贵族小集团,当然也不是各州议会。然而,它是谁、它是什么?这个概念里都包括些什么?哪些——如果有的话——是它的包容性方面?建国之父们无论是在制宪会议上或在任何其他地方,都没有回答这些问题。确实,他们在这个问题上说得实在太少了,以至于有位现代史学者得出结论认为,在他们看来,人民或者更准确地说"人民"这个说法"与其说是描述还不如说是咒语"。①我们能明白他的意思,但实际上那背后所蕴藏的东西比他说的还要多。尽管很少有建国之父直接说出来,但在他们心里都有一个"美国人民"的组合图像,就恰如今天的参选

——————

① Michael Kazin, *The Populist Persuasion*: *An American History*, 2nd ed. (Ithaca, NY: Cornell University Press, 1998), p. 13.

者把复杂的选举政治简单化,把成千上万的不同选民分别归为诸如"乔老六"和"足球妈妈"这样的大类。大多数建国之父都认为,美国人民主要就是由(事实上也确实如此)农场主和他们的家庭、手工业者、仆人、商店或旅店店主、其他小商贩等这些人组成,没有贵族,没有贱民,既不很富,也不很穷,但每个人都觉得自己很重要,都十分重视自己的权利。此外还有很特别的一点,就是许多美国人——比世界上任何地方都多得多——拥有枪支。

在那些建国之父的眼里,那就是美国人民。但是,更重要的问题不是建国之父们认为人民是谁,而是他们对人民的想法和感情。用现代的说法,他们对人民的态度是什么?对这些问题的回答,如要准确,就必须非常细致。参与宪法起草的这些人,大部分在这些问题上的想法是不同的,所以他们之间不可避免地会有意见分歧。尽管如此,大多数建国之父在思想上和情感上都有着某种中间取向,这种中间取向决定了新宪法最终赋予"人民"的角色。

　　毫无疑问,美国人民得到了建国之父们的极大尊重,而这不仅仅是因为人民是这个新共和国可以找到的唯一的合法性来源。以世界标准来讲,18 世纪后期的美国人民是一个相当与众不同的群体。他们中的白人无论男女都没有特别贫穷的,很少有男性白人完全依附于他人,他们大多都受过教育,不少人还表现出极高水准的技艺,而且十分机智,富有创造力。他们中许多人曾在独立战争中英勇无私地战斗过。不少美国人在他们所在的乡村、市镇和州里曾干过了不起的政治大事。只有那些极为偏执的种植园主会像法国或俄罗斯贵族鄙视他们所统治的贱民那样瞧不起普通的美国人。另外,这些前殖民地社会,流动性相当强,足以让不同阶层的男男女女相识相交,在社会阶梯上上下流动。如果有人说 18 世纪后期的美国社会有着像今天这样可以轻易划分的社会阶级,那他必定是犯了时代的错误。

建国之父们的私人通信以及他们在不公开场合的演讲,可以印证他们对美国普通老百姓的尊重。在公众场合,他们当然要避免给人有任何市侩或高人一等的感觉。更令人印象深刻的却是,甚至在私底下,他们对美国人民同样表现出极大的尊重。杰弗逊在给他朋友拉菲特的信中,拿勇敢坚毅的美国人和那些浪荡轻浮的欧洲人来作对比,说"美国的汉子不是巴黎的娘儿们"①。在制宪大会上,来自南卡罗来纳州的查尔斯·平克尼在演讲中呼吁:"我们的政府必须以它将管治的人民为依归。我相信,美国人民和世界任何地方的人民一样,有能力、有智慧、有志气管理好国家。"②马萨诸塞州的埃

---

① 引自 Richard Hofstadter, *The American Political Tradition and the Men Who Made It*（New York：Vintage Books，1973），p. 30.

② *Notes*，p. 187.

尔布里奇·格里在反击那些他认为有贵族政治倾向的主张时,强调"这些不久前还为了自由而武装反抗英国统治的人民,是不会轻易离弃他们的权利的"。接着,他还说:"现在(各州)政府管治下出现的各种邪恶,应归咎于当权者的错误,而不是人民。"①

本杰明·富兰克林也深情地回忆美国人民在独立战争中所表现出来的坚毅和忠诚:

> 美国普通老百姓在独立战争中所表现出来的美德和公共精神,实乃我们获胜的主要因素,我们千万不能予以压制。(富兰克林)叙述在战争中大批美国海员在被英国俘虏后,如何高傲地拒绝登上敌人的船只,开往他们的国家,以求获释或换来荣华富贵。与他们的爱国精神相比,当时被美国俘虏的英国人,则在听

① *Notes*, p.452.

到可以得到一份其实他们在本国也可以挣到的奖赏后，就一点儿也不迟疑地登上了美国人的船。①

像这样对人民的赞美之词很少在制宪大会上讲出来，因为再讲纯属多余。在座的人，几乎没有一个不认为新的宪制大厦应当建立在人民的意愿之上，除此别无选择。

然而，事实上，在大多数代表的心里，除了对人民的这种衷心敬重之外，人民的形象还有不那么光辉的另一面——至少是对于作为个人或个人总和的人民能做什么，他们并不是那么有信心。在1787年制宪大会上，中间取态的主流意见对人民大众实际上是警惕和怀疑的，甚至是害怕的。如果你去读麦迪逊的大会笔记，你一定会被大多数代表对人民的那种沉重的矛盾心理所触动。

---

① *Notes*，p. 404.

一方面,必须是由人民来制定和确立这部新宪法;另一方面,同样的人民,作为个人时,是根本不能信任的。参加费城制宪大会的绝大多数代表对美国人民是既尊重又惧怕。他们最终所建立起来的宪法大厦反映了——而且至今仍在一定程度上反映——这种沉重的矛盾心理。

1787 年宪法的制定者并不是一群特别愤世嫉俗的人。他们并不认为人总是自私自利的,他们乐于承认人民作为个人或团体都完全可以为公共利益无私奉献。绝大多数代表也不是一些特别阴险狡诈的人。但是他们都是——用一句老话来说——"吃人间烟火的俗人"。他们没有一个是天真的理想主义者,没有一个会相信自己的人民是完美的或者是可以变得完美的。与他们差不多同时代的卢梭认为人性本善,但出席费城制宪大会的代表没有一个人赞同卢梭的这个乐观主义观点。倘若他们还健在,他们对 1960 年代那浪漫的"花的力量"运动必定不屑一顾,或至少是抱着友好的怀疑态度。

费城制宪大会是闭门举行的——甚至连窗户都紧闭,门口站着岗哨,不让好事者靠近,以防代表的言论被泄露出去。代表们也自觉地不向外透露会议的任何进程。每个代表因此都可以畅所欲言。这样做也许是合适的,因为如果让外面的人听到里边的人都在说些什么,也许就有人要造反了。

事实上,几乎所有在制宪大会上扮演过重要角色的代表迟早都会表达——经常是以强烈的措辞——他们对人性的怀疑。对人类的前瞻力、智慧和自控能力持怀疑态度的人,有像汉密尔顿这样被认为是人类厌恶者的,也有像来自弗吉尼亚的乔治·梅森这样被认为是人类鼓吹者的。下面选摘麦迪逊所记录的他们的一些言论:

　　本杰明·富兰克林(宾夕法尼亚):"有两种冲动对人类事务会产生重大影响,它们是野心和贪婪;对权力的渴望和对金钱的追逐。"

亚历山大·汉密尔顿(纽约):"野心、贪婪、逐利……的冲动,大多数人都受其驱使……"

埃尔布里奇·格里(马萨诸塞):"一个人尽管是社会一员,但即使自己没有机会,还有可能为自己的儿子、兄弟等谋取利益;然而,他们终究还是会把自己的利益放在首位,比亲戚朋友的利益看得更重,所以当需要维护自己利益时,他们会不惜一切代价。"

詹姆斯·麦迪逊(弗吉尼亚):"优秀的公民不愿参与立法工作,反而使那些不适合的人获得了太多的机会。"

古弗尼尔·莫利斯(宾夕法尼亚):"自尊心是主要的推动力,对穷人或富人都是如此。"

乔治·梅森(弗吉尼亚):"从人类的本性

看,我们基本可以肯定地说,那些掌握权力的人,是不会轻易放弃其手中权力的。相反,只要有可能,他们总是要想方设法扩大手中的权力。"

纳撒尼尔·戈勒姆(马萨诸塞):"罗得岛是麻木不仁的最好写照:一个公共机构居然能以如此规模、如此卑劣的手段来干坏事或搞阴谋诡计。"

乔治·梅森(弗吉尼亚):(语带嘲讽地提到那些)"慷慨而又善良的人,他们相互提携,各展所长,创造职位,再从中获利。"

罗杰·谢尔曼(康涅狄格):"宪法应尽可能少地为掌权者留下诱惑。"①

---

① *Notes*,p. 53,p. 131,p. 178,p. 233,p. 260,p. 451,p. 454.

麦迪逊的整个会议记录反复提到人性中的欺诈、腐败、贪婪、野心和贪恋权力,很少有代表提出不同看法。然而,代表们对人性的怀疑并不只是针对普通老百姓。相反,他们同样也谴责国王和王公贵族的虚伪和贪婪:国王"先是拿光人民的钱财,还抢占他们的土地,然后再把他们和他们的孩子变成奴隶,使他们永远不得翻身";那些王公贵族是一些"慷慨而又善良的人,他们相互提携,各展所长,创造职位,再从中获利"。富兰克林反对对全国性选举的投票资格附加财产限制,他以特有的平等主义口吻说:"如果诚实是财富的伴侣,如果贫穷是因为经不起诱惑,那么同样可以说,拥有财产的人就更渴望拥有更多的财产。那些最了不起的盗贼,就是那些最有钱的盗贼。"①汉密尔顿并不像富兰克林那样钟情于平等主义,他后来甚至在《联邦党人文集》中认为,人总的来

① *Notes*, p. 426.

讲是"有野心的、好斗的、贪婪的",但他并不认为这些不好的特质只存在于平民百姓身上。他在制宪大会上说："把所有权力给了大多数,他们就会压迫少数。"但他马上又补充说："把所有权力给了少数,他们就会压迫多数。"①

在制宪大会的代表看来,尽管美国变成一个君主制或者一个世袭贵族制国家的可能性根本不存在或微乎其微,但变成一个由现在统治着各州议会的那些人来统治的国家,可能性就非常之大,而且这些人随时都愿意起来反对已依法建立的权威。对制宪大会的代表而言,难题就在这里。如果代表们对人类的个人有所怀疑,那么他们对人类集合起来会干出什么事来就更感担忧。今天,我们通常把很多人聚合在一起称为"人群"。但当年出席费城大会的代表们则会把他们视为是——至

① *Notes*,p. 135. 汉密尔顿后来的尖刻的言论载于《联邦党人文集6》。

少有可能是——暴民或暴乱集会。如果个人能造成伤害，人数众多的集体就可以造成更大的伤害，而且更容易造成伤害。

同样，制宪大会的代表们在他们的演讲中都表明了他们对暴民的担忧和对各种可以影响公众聚会的手段和诡计的高度怀疑。麦迪逊的会议记录记下了不少这样的说法和想法："公众的放纵"（伦道夫）；"大众的激情犹如燎原之野火，不可抗拒"（汉密尔顿）；"人民的无知"（格里）；"人的政治腐败"（麦迪逊）；"麻木不仁，至如此之规模，且如此之卑劣"（戈勒姆）；"那些既无财产又无原则的普罗大众的危险影响"（约翰·狄金森，特拉华州）以及需要"保护人民以免他们被短视行为所误导"（麦迪逊）。①诸如"反复无常""奸诈""捣乱""腐

---

① *Notes*, p. 168；p. 135；p. 368；p. 272；p. 315；p. 402；p. 193.

败"和"无度"等词汇在麦迪逊的记录里随处可见。毫无疑问,这样的措辞反映了当时制宪大会大多数人的意见。偶尔才会有一两个声音——主要是来自本杰明·富兰克林、乔治·梅森和詹姆斯·威尔逊——说一些对人民更友好的看法。

这些对人民大众的智慧和谨慎的怀疑,如果带有偏见的话,也不是完全建立在偏见之上。它们是建立于代表们在实际生活中对人民能做什么的体会之上的。现代的读者恐怕要记住,18 世纪后期是英国和美国的一个政治动荡时期。在大西洋两岸的这两个地方,所举行的选举并不总是那样井然有序,并不总是看到人们在票站外排队等候投票:选举活动通常都是乱糟糟、醉醺醺的,而且是毫无廉耻的腐败。在殖民时代的南弗吉尼亚州,"实际上就有对选民满口承诺的暴发户、有经常醉醺醺的法官,还有为挤进议会而光着膀子拉票的候选人"。① 这种情况在制宪大会的时候并没有任何改变。威廉·荷格斯把 18 世纪英国的这种选举场面很生动地描述为一场"暴乱、狂欢和淫乱"。这种描述完全也可以用在当时美国各州的选举上。大众政治并不总是那么温文尔雅。

大众政治有时也会充斥着暴力。一本关于英国人民在 18 世纪英国政治中的角色的历史著作,起的书名就是《暴动、起义和革命》。②同样的题目,完全可以用来写一本关于美国的书,美国的历史甚至还有过之而无不及。独立战争本身就是一个暴力的、超越法律的事件,一些托利党人的家被洗劫一空后再被付诸一炬,疑似的

---

① Gordon S. Wood, *The Radicalism of the American Revolution* (New York: Alfred A. Knopf, 1992), p. 131.

② 参见 Ian Gilmour, *Riot, Rising and Revolution: Governance and Violence in Eighteenth-Century England* (London: Hutchison, 1992).

英国同情者都被严加惩罚。战争期间和战争后,时常有愤怒的暴民冲击海关或其他公共机构;他们还摧毁戏院,认为那是邪恶的温床;他们焚烧医院,因为在他们看来医院给人接种水痘疫苗实际是在传播疾病。主要由于战后的萧条,在1780年代中,不少州都经历过政治动荡,最终在马萨诸塞州发生了臭名昭著的"谢司起义"。这起所谓的起义很快就被镇压下去,不过那是在起义军攻占州最高法院、阻止法院开庭并中止有关税收程序之后。"谢司起义"及随之而来的暴力,不但让这些前殖民地的执政者相信需要一个更强大的"中央政府",也让他们相信必须将人民固定在原处,画地为牢。乔治·华盛顿也认为,"谢司起义"和类似的骚动是"一个令人伤心的证据……说明人类自己无法管理好自己"。①在

① 引自 Joseph J. Ellis, *His Excellency*: *George Washington* (New York: Alfred A. Knopf, 2004), p.172.

费城制宪大会上,代表们心里都清楚明了,建立一个更强大中央政府的主要原因之一就是为了"随时镇压任何起义"。①

然而,把人民固定在原处、画地为牢还有别的理由。即使没有这些暴力事件,出席费城大会的绝大多数代表都对那些民选州政府的鲁莽和浪费感到不满,也因此认为需要建立一个更强大的全国政府,既有权威管治各州政府,同时还有足够的能力去应对公众的需求和压力。1780年代初和中期,好几个州大量印发纸币,造成通货膨胀,佐治亚州的货币一年之内就贬值达75%。有些州还通过法律,使得债权人更难以向债务人讨回债款。州政府作出决策的速度快得惊人,朝令夕改的速度也快得惊人,而且还特别容易屈从于群众的压力。在这方面,

---

① 这是埃德蒙·伦道夫的说法(*Notes*, p. 128);另参见纳撒尼尔·戈勒姆和丹尼尔·卡罗的话(*Notes*, p. 321).

罗得岛州政府简直就是罪魁祸首(而更糟的是他们还拒绝派代表来出席制宪大会)。代表们不愿意把宪法的批准程序交到州政府手里,正是因为他们认为这些州政府不可依赖、不可预测、居心叵测和贪污腐败。费城制宪大会的代表们希望,由各州专门选举产生的州制宪大会来批准通过宪法,会更富前瞻性,也更显理性。毕竟,不像州政府,州的制宪大会没有保留州政府权力的固有利益。

对州政府以及影响和控制州政府的那些人的敌意,就像一条污浊的河流,贯穿着麦迪逊的整个会议记录。有关的话题反复出现。罗杰·谢尔曼指罗得岛"派系之争太严重";亚历山大·汉密尔顿则笼而统之地提到"州内横行的各种邪恶";埃德蒙·伦道夫"敏锐地感觉到每年举行的选举是州内各种罪恶的源泉";乔治·梅森提到"弗吉尼亚州议会对自己议员无耻的偏袒";詹姆斯·麦迪逊指出"弗吉尼亚州另一个声名狼藉的事实,就是优秀的市民不愿意参与议会的工作,从而给那些不合适的人太多成功的机会";古弗尼尔·莫利斯认为州议会偏于"轻率";梅森在后来一次发言中担心国家议会"还会像各州议会那样,经常通过一些不公正、邪恶的法律";麦迪逊以相似的口吻提醒代表们注意"州议会已表露出一种对各种恶法的癖好";来自马里兰州的约翰·莫赛尔在他少有的一次插话中这样总结道:"没有任何东西(会比一个强大的行政权力)更能保护人民免受这些投机性十足的议会的祸害,它们正在全美各地对人民进行着掠夺。"①在制宪大会举行的四个多月的时间内,没有人站起来反对诸如此类的愤怒表达。大家的言下之意昭然若揭:新的联邦政府必须建立于人民之上,但也不能任由人民肆意妄为。

① *Notes*,p. 75;p. 137;p. 168;p. 177;p. 178;p. 233;p. 341;p. 364;p. 451.

吊诡的是,建国之父们对人民的这种担忧,并不是因为他们与人民之间在社会及人身上存有隔阂,恰恰相反,是来自于他们与人民的紧密联系。一个俄国公爵对他那些家徒四壁、目不识丁、手无寸铁的农奴无所畏惧。同样,俄罗斯的贵族地主对他们的农民百姓也无所畏惧。在英国,民众更为狂野,统治阶级甚至需要雇用更多的军队和武装才能镇住他们。1787年的法兰西尚未分崩离析。但在美国,普通民众——远非欧洲意义上的"平民"——都是些有胆识、有文化、有独立思想的人,都拥有一定的财富,而且(正如我们前面提到的)还拥有武器。他们不是些可怜兮兮的人,不会轻易被打垮。正是人民的力量——竟然正是他们的力量和美德——使得建国之父们对他们颇怀畏惧。

此外,自不待言,制宪大会的代表们都极端关注对财产——也就是财产所有者利益——的保护。乔治·梅森在对宪法关于联邦国会第二院的问题进行辩论时直言不讳地说:"成立参议院的一个重要目的就是要保护财产权。"①来自南加利福尼亚的约翰·拉特利奇更直截了当地说:"财产是……社会的主旨。"②有不少代表本身就是超级富豪,大多数以当时标准来说也是有钱人,没有一个是穷光蛋。他们都拥有财产,有的甚至还拥有"人财产",所以他们都志同道合,也就不足为奇。如果不是,反倒是咄咄怪事。在当时的美国,他们没有必要去捍卫私有制:因为压根儿就没有人要去取消私有财产。但参加制宪大会的代表们确实需要确保的,是他们所谓的"财产权"。他们的财产权受到人民的威胁,就像马萨诸塞州的丹尼尔·谢司这类人一样,虽然并不是要求取缔私有财产,但是要求不交税、免除债务、货币贬值等。所以说,对于这样的人民,就应该不惜任何代

---

① *Notes*, p. 200.

② *Notes*, p. 245.

价,也要防止他们对新制度产生任何不利影响。

　　还有一点也是自不待言,就是这些建国之父——这些高傲、富有学识并对他们的文明和美德充满自信的人——极其希望新的共和国尽可能要由像他们这样的人来管治。他们希望新的美国要由精英来管治,不是世袭的精英,而是有美德、有才华的精英。麦迪逊也赞同说,尤其是参议院"应该由一班更有能力的人来组成"。拉特利奇颇为自得地说道:"如果制宪大会是由基层民选产生,(像他们这样)合适的人可能就选不上了。"来自康涅狄格的奥利弗·埃尔斯沃思坚持认为"第二院(参议院)的一个特点就是贡献智慧"。查尔斯·平克尼赞成参议员可以同时在行政机构任职,因为就像他说的,参议院里"应该都是些最出色的人才。他希望这个机构成为部长的学校、政治家的摇篮"。①没有代表相信

---

① *Notes*,p.113;p.167;p.189;p.450.

67

国家可以交由个人——无论他是怎样的背景、怎样的教育程度——来统治。治国,毫无疑问是少数精英的事。

我们在下一章就可以看到,正是出于这种心态——既尊重人民但又害怕人民,而尊重有时正是由于害怕——出席费城制宪大会的代表们起草了1787年的美国宪法,而且(除三个人外)全都在宪法上签署了他们的名字。

3

权力大厦里的人民

1787 年宪法的起草者和签署者有一个共同的信念:新宪法必须有人民的参与,而且必须获得人民的同意。他们还有一个共同的立场:要尊重人民,但同时要警惕他们。于是,就像我们即将在第 6 章看到的,他们得出同样的政府理论:最好的政府应由三个不同部门组成,分别是立法、行政和司法部门。在制宪大会上,代表们面临的最大难题之一,就是如何将他们的信念、立场和政府理论统一起来。他们必须决定,在新政府三大部门里,人民如果要参与,则应如何参与以及参与到什么程度。

代表们最早的决定之一,就是新政府的议会应由两个院而不是一个院组成。这个决定的形成,以当时会议的进展情况而言是相当快的。"国家议会应由两个院组成"的提议一经提出即获支持，没有争辩，没有异议，"只有宾夕法尼亚州可能会因为富兰克林（当时缺席）的大名而有不同意见，因为博学家富兰克林给人的印象似乎是偏好一院制的议会。"①年长的富兰克林虽然在代表中深孚众望，但他也无法说服大家接受他对一院制的偏爱。甚至连宾夕法尼亚州的詹姆斯·威尔逊这样一位在辩论中总是站在人民一边的人物，也坚持认为"在一院制议会里，内部难以形成足够的制衡"②。

接下来的问题是由谁来选举产生两院中的第一院。大家再次既没有争辩也没有异议就同意，第一院应是某种意义的大众院，是最接近人民的。但在第一院由谁来

---

① *Notes*，pp. 38-39. 富兰克林自己所在的州，是联邦中唯一一个拥有一院制议会的州。

② *Notes*，p. 127.

选举产生这个问题上,意见明显分歧。一些代表——他们或者是想为州里多保留些特权,或者是他们对人民更有戒心——主张第一院的议员应当由州议会来挑选,而不是由人民来选出。他们的观点基本上就是反民粹主义的。康涅狄格的罗杰·谢尔曼"反对由人民来选举,而是坚持应当由州议会来选出。他说……人民应当尽可能与政府保持距离,他们总想打听消息,所以经常上当受骗"①。埃尔布利奇·格里尽管是来自马萨诸塞这个大州的代表,但也同意由州议会来选举产生国会第一院是合适的,因为:

> 人民不需要美德,只需要假爱国者的谎言。在马萨诸塞州,经验已充分表明,他们每天都被精心编制的虚假报告里那些糟糕透顶

---

① *Notes*, p.39.

的主意和办法所蒙骗，而没有人敢当面揭穿。①

来自南加州的皮尔斯·巴特勒也认为"由人民来选举不是个可行的方法"②。

但持这种意见的一直都是少数。从一开始就很清楚，对国会第一院由民选产生这个主张，大多数代表不是热情洋溢地支持，就是心悦诚服地接受。乔治·梅森在一次很有意思的讲话——那样的话恐怕只有在18世纪末的美国才能讲得出来——中"强烈建议国会较大的那一院应由民选产生"。乔治·梅森在制宪大会上多次称赞英国宪法的好处，其中有一次他就说国会较大的一院"就好比是我们的下议院"。他接着还说："我们必须顾及每个阶层人民的权利。"他提出这一点，并不是基于什么宏大的政治原则，而是正如他所说的，是因为富人

① *Notes*, p. 39.

② *Notes*, p. 41.

如果通情达理的话,就应当顾及穷人的利益,因为他们的继承人,他们的"子孙后代",没准哪一天就会发现自己也是在穷人堆里。①虽然也极力主张"议会人数最多的一院必须由人民直接选举产生",但詹姆斯·威尔逊的语气要平淡许多:

> 他要把联邦金字塔建得更高,所以就需要把地基尽可能地造大。没有人民的信任,任何政府都不可能长久执政。对一个共和政府而言,人民的信任尤其重要。②

詹姆斯·麦迪逊与威尔逊意见一致,不足为奇。奇怪的是,亚历山大·汉密尔顿这位似乎对人民从来都没有什么好感的人却也同意这个主张。在一次关于扩大

---

① *Notes*, pp. 39–40.

② *Notes*, p. 40.

第一院以便让每个代表都与一个更小的选区保持更密切联系的辩论中,汉密尔顿

> 承认自己主张建立一个强有力的政府,但同时又认为,由民选产生的政府部门应当有更广泛的选民基础,这一点非常重要。他非常严肃地指出,众议院的选民基础太小,以至于真的会很危险,让人民对他们的权利感到担忧。①

后来,乔治·华盛顿在制宪大会的最后一天,在他第一次也是唯一一次插话中表明同样的立场,说他也希望看到每一个众议院议席的选区人数由40,000人减少到30,000人。没有人反对,也没有进行票决,他的动议就这样被接纳了。

这个问题就这样定了。在之前举行的三次唱名投

---

① *Notes*, p. 608.

票中,赞成国会第一院由直选产生的州都比赞成由州议会选举产生的州要多。只有康涅狄格、新泽西、特拉华和南加利福尼亚不肯妥协,但所有大州都是站在直选这一边。马萨诸塞州的埃尔布利奇·格里甚至连自己州代表团的立场也左右不了。由新宪法创建的这个权力之院,人民毫无疑问是拥有一席之地的。

在讨论到底是由选民或是由州议会来选举国会第一院这个问题的同时,代表们也在讨论该院议员的任期问题。他们可以在任多长时间,直至竞选连任?不出所料,那些恨不得把人民固定在原地、画地为牢的人都主张更长的任期,因为这样的话,国会议员就可以享有最大程度的独立。另一方面,人民的朋友——以及那些担心如果任期太长可能导致整部宪法无法获得通过的人——主张尽可能短的任期。在争持的一端,汉密尔顿强调三年合适:“任期三年,则对民众既不过于依赖,也不过于隔绝。政府另外两个部门的制衡将是软弱无力的,而且还需要可相互作用的辅助手段。"在争持的另一端,康涅狄格州的奥利弗·埃尔斯沃斯建议任期为一年:"人民喜欢经常搞选举,不妨就让他们尽情地享受议会一个院的选举。"埃德蒙折中两者,建议任期为两年:"他意识到,每年选举是各州各种罪恶的根源,然而,使选举变得如此恶贯满盈的,恰恰是因为需要针对人民采取诸如这里提出的各种限制措施。"①制宪大会很快就同意采取折中方案,两年的任期获得一致通过。

然而,这次辩论使用的语汇是具有重大意义的。尽管在新的权力大厦里人民可获得自己的一个空间,但他们将被尽可能地局限于这个空间之内。汉密尔顿担心"政府另外两个部门的制衡将是软弱无力的"。埃尔斯沃斯相信政府另外两个部门的制衡将是强有力的,所以认为不妨让人民"尽情享受"选举。伦道夫和埃尔斯沃

---

① *Notes*, p. 170; p. 169; p. 168.

斯一样,对"针对人民采取诸如这里提出的各种限制措施"的有效性充满信心。只有詹姆斯·威尔斯似乎对人民判断是非的能力更有信心。制宪大会绝大多数代表关注的焦点是如何确保人民的权力受到约束——或者用他们经常挂在嘴边的说法——受到制衡。制衡的主要办法之一就在于联邦议会的第二院。制宪大会花了很多天来讨论第二院该如何组成,以及它应当拥有哪些权力。①

毫无疑问的是,几乎每一位代表都相信,在新的制度里,第二院的一个主要功能就是制衡他们想象中第一院议员可能会表现出的极端主义、肆意妄为和对权力的追逐。在制宪大会上,没有人提出或者想过要提出第一院的权力必须比第二院大,或者换句话来说,第一院无论在序列上或重要性上都应当排在第一位。相反,至少

---

① *Notes*,p. 233;p. 110;p. 135.

在开始时,参议院一直被视为是一个更高级的机构。所以才给它起了这么一个庄严的名字,不但富有古罗马气息,而且隐含着卓越智慧,就是那种在 18 世纪人们看来只有岁月才能沉淀出来的智慧。古弗尼尔·莫利斯追问第二院的功能是什么,然后自问自答说:"就是要制衡第一院的鲁莽、多变和无度。"埃德蒙·伦道夫认为:"州议会的无法无天说明确实需要一个起稳定作用的参议院……如果它不是一个能起稳定作用的机构,那么人数更多而且由人民直接选举产生的另一院,很快就会占据上风。"亚历山大·汉密尔顿以他一贯富有煽动性的话锋,说英国的上议院是"一个极为高贵的机构",它的成员组成一道"防止各种邪恶的永恒屏障"。詹姆斯·麦迪逊则言简意赅,认为"参议院发挥作用,就是它的议事程序要比第一院更为冷静、更讲制度、更有智慧"。他后来又补充道:

为评估这个机构(参议院)应采用何种组

成形式,有必要考察它所要服务的目标。它的目标首先是要保护人民免受统治者的迫害,其次是要保护人民以免他们因被误导而盲从……

另外一层考虑是……人民自己,和一个人数众多的人民代表机构一样,也会因为轻率和冲动而犯错。防止这种危险的一个必要手段,就是挑选一些有识之士,他们人数不多,但态度坚决,可以适时干预那些轻率的建议。①

接下来的问题,自然就是该如何挑选这些理想的"有识之士"。两个方案都没有得到支持。一个是,参

① *Notes*, pp. 93 -94 ; p. 42. 另参见 Daniel Wirls and Stephen Wirls, *The Invention of the United States Senate* (Baltimore, MD: Johns Hopkins University Press, 2004) , pp. 79 -82.

议院议员由民选的第一院议员选举产生,这个方案一提出即被放弃;另一个是,由人民直选产生,这个方案似乎只有一个支持者。詹姆斯·威尔逊多次鼓吹直选方案,但在他正式提出这个方案时,却发现没有一个支持者。广泛的共识是参议院由州议会选举产生。这个方案的好处是,可以将参议院与人民联系起来(虽然只是一种间接联系),因为州议会,或者至少它们的下议院,都是由直选产生的。在代表们看来,这个方案还有一个好处,就是在新的全国政府架构内赋予各州和各州政府一个正式且具有实质性的角色。"第二院由各州议会选举产生"这个动议是特拉华州的约翰·狄金森提出的,他说他有两个理由:

1. 因为如要掌握各州的想法,最好是通过它们的政府,而不是直接通过它们的人民;

2. 因为他希望参议院由在地位和财富方面最优秀

的人士组成,最好就跟英国的贵族院一样。①

显然,汉密尔顿对英国宪法的推崇并不乏知音。最后,参议院由州议会选举产生的动议以九个州对两个州的票数轻松获得通过。

参议员的任期问题更为复杂,争议也更多一些。与会者都同意,参议员的任期应当比第一院议员的任期更长。如果参议院要像代表们所想的,成为防止轻率和冲动的屏障以及维护体制秩序和稳定的元素,那么它的成员就必须与人民保持一定的距离,甚至与州议会都要保持一定距离,那样才可以确保它享有相当程度的独立性,不受其他政府机构的过多干涉。汉密尔顿甚至认为,参议员应当是终身制,因为"短任期的参议院不可能有足够稳定性以达至使命"。古弗尼尔·莫利斯同意他的观点,认为"要想参议院拥有独立性,就必须是终身

① *Notes*, p. 82.

制"。但其他人并不赞成采用终身制,因为这不可避免地让人感觉到贵族体制的味道。[1]所以,问题就变成参议员的任期是否应当减到 9 年、7 年、6 年、5 年或 4 年,以及他们是同时选举产生或者是按某种机制轮流选举产生。再一次,那些人民友好型的代表更多地倾向于短任期,但没有人主张少于第一院议员任期的两倍;而那些对人民不那么友好的代表则主张较长任期。和处理众议院时的情况一样,他们最后采取折中办法,同意参议员的任期为 6 年,但"每两年有三分之一议员任期期满"。[2]

那么,第二院应被赋予些什么权力呢?大多数意见主张参议院应该拥有比众议院更为广泛的权力,部分是因为参议院被视为两者中更为冷静、更加崇高的一个机

①　*Notes*，p. 135；p. 233.

②　*Notes*，p. 198.

构,部分是因为它能在全国议会内代表各州,而这是众议院所没有的功能(特别是在赋予各州在参议院的平等代表权的决定作出之后)。制宪大会对这个问题的讨论主要是在会议的最后阶段,焦点就在于应该赋予它哪些额外的权力。

制宪大会几经反复,最后以极小的票数差决定不赋予参议院一项很多代表认为应该赋予它、甚至有一些代表认为应该由它专门拥有的权力,即提出财政议案的权力。制宪大会最后决定采用英国的做法,即只有下议院的议员才可以提出这样的议案。但对参议院权力的这点限制几乎无关痛痒,因为参议院对财政议案仍拥有修改的权力,甚至还有权拒绝通过。同样是几经反复后,制宪大会还剥夺了参议院另一项代表们认为它应该具有、而事实上在之前的讨论中已同意赋予它的权力,就是在选民无法以绝对多数票选出国家行政首脑时,由它来决定由谁来担任这个职位。后来是众议院获得了此项权力,但前提条件是众议院的各州代表团都有一票,而且只能投一票。

但也仅仅是在这两个方面众议院的权力可以超过参议院:一个方面大体上是无关紧要的,另一个方面则显然更具重要性。除此之外,参议院就正如代表们所期待的那样被塑造成为议会两院中分量更重的一方。任何立法,包括财政议案,如果没有参议院的同意就不能获得通过。它的否决权与众议院的否决权一样,都是绝对的。但参议院还拥有其他重要的权力,而且完全由其独自拥有,不与众议院分享。在新宪法下,与外国签订的条约在批准时需要获得"参议院的意见和同意"(以三分之二多数票通过),行政和司法机构的人事任命也需要获得"参议院的意见和同意"(但这里以简单多数票即可通过)。由民选产生的第一院并没有被赋予这些权力。

在条约事务方面,代表们开始时似乎并不十分重视,他们可能想当然地以为就应当由议会来谈判并批准国际条约。当缔约的权力最后是被放在行政机构这里时,条约的批准问题随即产生。如果条约如同普通立法一样需要批准,那么是应该由整个议会来批准,还是由参议院这个更精练、更慎思的机构独自批准即可?制宪大会的一个专业委员会,即所谓的"11 人委员会"在汉密尔顿建议的基础上提出了这个刚刚引述过、且现在已为人们耳熟能详的解决方案。但倔强的詹姆斯·威尔逊提议在"参议院的意见和同意"一句中的"参议院"之后加入"和众议院"这几个字,他的理由是"既然条约要有法律的效力,那么它们也应该要有法律上的限制"。[1]这一次,他确实找到了一个支持者,但他的动议被压倒性地否决,只有他所来自的州宾夕法尼亚投了赞成票。

在行政机构和司法机构的人事任命方面,没有人确

---

① *Notes*, p. 597.

切地知道为什么提名和确认的权力最后分别是落在行政首长和参议院的手上。在会议的最后阶段，11人委员会把这两项人事任命权力捆绑放在宪法的同一个条款里，在经过短暂讨论后，制宪会议总体上就同意了。詹姆斯·威尔逊又是少数几个持不同意见者之一，这一次他的理由是11人委员会的建议模糊了行政权和立法权的界限，如果行政首长需要对整个行政部门的行为负责的话，他就应当对行政部门的人事任命负有全责。但古弗尼尔·莫利斯的话显然代表了大多数的意见，他说："由总统来提名，那就是责任之所在；由参议院来核准，则是安全之保障。"①

如果把宪法关于立法部门（特别是其第二院）的规定放在一起来看，可以看出美国的参议院并不像是议会的第二院，而更像是第一院，它比世界上几乎所有所谓

---

① *Notes*，p. 598.

的第二院或上议院都拥有更大的权力。①在费城制成的这部宪法同时也规定了这个拥有强大权力的参议院,其议员不是像众议院那样由民选产生,而是由州议会挑选出来。从这个角度看,人民仍是被死死地固定在原地,画地为牢。

行政部门也不是由人民直接掌控。行政部门的组成和权力是另一个大多数代表事先似乎并没有太多关注的问题。早早便已形成的共识是行政应该由一个人而不是一个委员会来掌权。就像艾尔布利奇·格里说的,一个三人委员会的行政权力就如同是"一个将军有

① 世界各国议会只有三分之一设有第二院。在拥有第二院的议会中,鲜有一个第二院能与美国的参议院的权力和影响力相匹敌。关于其他国家参议院或第二院的系列研究,请参见Samuel C. Patterson and Anthony Mughan, eds., Senates: Bicameralism in the Contemporary World (Columbus: Ohio State University Press, 1999).

三个脑袋"。①但行政部门的职位和担任该职位的人应当叫作什么,在制宪大会一直都有人提及。发言者大都不加区别地使用诸如"国家的行政权""行政裁判官""最高行政权力""首席裁判官""总督"等这些说法,有时干脆就简单说"行政"。把行政首长称为"总统"这种说法后来才慢慢出现。但是,行政首长不是由人民直接选举产生这个决定并没有引起任何争议,而且很快就获得通过。

当然还是有人支持行政首长由民选产生的。麦迪逊原则上就支持这种想法,但看到现实中有强大的反对力量。②古弗尼尔·莫利斯强烈地支持直选,并不仅仅

---

① *Notes*, p. 16.

② 有意思的是,麦迪逊更赞成采用总统选举人制度,而不是直接选举,因为在他看来,选举人制度能够加强南方州在与北方州对立中的地位,因为"黑人"(他就是如此称呼他们的)不能投票,但在南方州的选举人团中所占的代表比例却是要算上他们的。参见 *Notes*, pp. 327,365.

是因为他强烈地反对行政首长由立法部门来挑选产生：

> 【国家的行政权】应当由人民选举产
> 生……他承认这个方法实行起来有困难。但
> 从纽约和康涅狄格的经验看,困难是可以克服
> 的,所以他认为在选举合众国的行政首长上,
> 这些困难也应当可以克服。如果由人民来选
> 举,他们就一定能选出那些最优秀的人,服务
> 最出色的人,或者是在全国拥有崇高威望的
> 人。如果由立法部门来选举,就会变成是尔虞
> 我诈、阴谋诡计和派系斗争的结果;就会变成
> 像由枢机主教秘密会议来选举教宗一样;真正
> 有才能的人很少获得委任。①

詹姆斯·威尔逊本来也是倾向这个立场,但和麦迪

---

① *Notes*, p.306.

逊一样,他看到了现实的难处。

然而,支持直选的人在制宪大会上是极少数。绝大多数代表几乎是不假思索就认为由人民直接选举产生行政首长是一个坏主意,甚至还有人认为是一个糟糕透了的主意。罗杰·谢尔曼认为普罗大众"从来都是孤陋寡闻的,而且他们不可能把选票集中投给任何一个人"。查尔斯·平克尼坚称人民"会被少数几个到处抛头露面、装腔作势的人所误导"。乔治·梅森一贯以来都是站在人民一边的,但在这个问题上他采取了相反的立场:"他认为把挑选一个合适行政首长的事交给人民,就如同把辨别颜色的事交给盲人一样,是违反自然的。国家如此幅员辽阔,人民不可能对每个候选人各种精心准备的表演都有足够的判断能力。"艾尔布利奇·格里表现得甚至更为强烈:"他反对民选。人民孤陋寡闻,会被那些野心勃勃的家伙所误导……用民选办法来选举行政首长肯定是最糟糕的办法。"①最后进行票决时,由人民直接选举的方案以九州对一州的票差被否决,只有宾夕法尼亚州(又是它)投了支持票。

因此,制宪大会拒绝行政首长由民选产生的方案,但很快它也拒绝了由立法部门选举产生的方案。大多数代表——最后是绝大多数代表——形成的意见是,由立法部门来选举,会使得行政部门过度依赖于立法部门,尤其(而不仅仅)是行政部门若需要立法部门的同意才能竞逐连任的话。代表们当然是想两个部门相互保留一定的独立性。但他们中不少人心里还有另一个想法:这样的议会是值得怀疑和需要警惕的。他们对州议会的认识和经验让他们得出这种想法。对州议会的怀疑和敌意,在制宪大会上不断地表现出来,而且还被直接转移到拟议中的新的全国议会身上,甚至在决定设

① *Notes*, p. 306; p. 307; pp. 308–309; p. 327.

91

立具有独立权威和实质权力的参议院后,这种怀疑和敌意依然存在。

议会总体而言给大多数代表的印象显然不佳。马萨诸塞州的艾尔布利奇·格里毫不掩饰地说在他的州里"最差劲的人才进入议会。那个机构最近还有几个成员被判犯有臭名昭著的刑事罪。那些穷困潦倒、卑鄙无知之流对议政论事更为高明的人总是极尽反对之能事,而且手段极其卑劣下流"。[1]在另一个场合,特拉华的约翰·狄金森"想当然地认为大家都同意应该想方设法确保中央政府不受州议会的偏见、鲁莽和不当言行所影响"。[2]麦迪逊把这个核心观点说得更直截了当:

> 州议会已显示一种强烈的倾向,就是会制
> 定各种不同的恶法。国家议会的目标之一就

---

① *Notes*, p. 73.

② *Notes*, p. 459.

是要管控这种倾向。国家行政机构需要对立法有否决权，其目标之一就是要管控国家议会，以确保它不犯同样的毛病。[①]

麦迪逊的观点几乎没有引起什么争议。那些本来支持由州议会来选举产生国家行政首长的人，只不过是想把权力保留在州的手里，而并不是要保留在州议会的手里。所以不知不觉中，由州议会来选举的意见就完全处于了下风。

但是，如果国家行政首长不是由人民直选产生，也不是由国家议会选举产生，那么应该由谁来选出呢？詹姆斯·威尔逊本来是赞成由人民直选的，但在知道这个方案缺少支持者后，他提出他所谓的次佳方案：成立一个单独的选举人机构，由他们来选举行政首长。[②]从后

---

① *Notes*，p. 364.

② *Notes*，p. 50.

来辩论的情况看，甚至在代表们考虑其他方案的时候，威尔逊的这个主意也还是在他们的心里蠢蠢欲动。实际上，第一次对成立选举人机构的可能性进行投票时，这个方案就以六州对三州的比例获得支持。但如果同意创立一个选举人机构，那么紧接下来的问题是谁来选举这些选举人。显而易见的可能性有两个：一个是由人民直接选举——就是威尔逊一开始就建议的方法；另一个是由州议会来选举，虽然这个方案还是无法绕开州议会的种种弊病，但毕竟有个好处，就是能在这个选举过程中给予各州政府一个正式的宪法角色。面对这个两难的选择，制宪大会干脆就放弃作出选择，就像在处理选举权问题时一样。制宪大会没有作出决定，而是采用了 11 人委员会的建议（只是措辞略有修改），即每个州"以州议会指定的方式"①来选举产生各州的选举人，就

① *Notes*, p. 574.

这样把整个问题敷衍了事。

由谁来选举总统的问题和另外两个问题天然地交织在一起,而这两个问题本身也相互纠缠:总统的任期应是多长以及是否可以连任。那些强烈反对行政机关由议会来选举产生的人大都相信,为了保证行政首长独立于议会,他应当有更长的任期,而且不可以竞选连任。基于同样的原因,那些赞成由独立的选举人机构来选举行政首长的人,对总统任期和是否可以连任就宽松很多。这些问题本身就是难题,同时又无法分割开。主要由于这个原因,制宪大会在那个夏天花了大概 10 天的时间,一轮又一轮地反复讨论,从终点又回到起点,直至他们最后认识到,他们要么对有关的宪法条款达成一致,要么就得整个儿放弃搞出一部新宪法的想法。一位代表怒火中烧,"抱怨会议冗长无聊",另一位满脸疲态地说:"如果我们不早作决定,我们就不会有什么决定了。"①

对行政首长任期问题的讨论最后都变得有些滑稽。就像在参议院问题上一样，大多数代表认为行政首长的任期应当相对较长，但不能超过议会第一院——由民选产生的这一院——议员的任期。需要较长任期的理由，康涅狄格州的奥利弗·埃尔斯沃斯说得很清楚："如果选举太频繁，行政权就根本不可能稳定。一定会有些职责让他不受欢迎，一定会有所得、有所失，因此他的管治免不了会受到指责，甚至被误解。"②来自北加利福尼亚的休·威廉逊赞同说："如果选举太频繁，最优秀的人就不愿意出来担任这个职务，而那些品行有问题的人很容易就会被腐蚀。"③但只要行政首长由国家议会来选举

---

① 这绝望的两位是约翰·拉特利奇和奥利弗·埃尔斯沃斯，参见 *Notes*，p. 465.

② *Notes*，p. 329.

③ *Notes*，p. 329.

产生的这个选项还在,就有人建议超乎寻常的长任期。古弗尼尔·莫利斯和来自特拉华州的雅各布·布鲁姆主张终身制,来自弗吉尼亚州的詹姆斯·麦克勒格建议只要品行良好,行政首长就可以无限期在任。①但大多数代表都不愿意做得那么极端,而更愿意采用6或7年的任期。

从麦迪逊以下的这些会议记录,就可以看出当时讨论这个问题时那种七嘴八舌的场面:

艾尔布利奇·格里:"行政应该与立法分开,这是毋庸置疑的。他的任期越长,依赖性就越低。所以,最好是让他在任10年、15年或者20年,然后就不能再选任。"

路德·马丁"放弃他关于不能连任的动议,提出'行政首长的任期应该为11年'"。

---

① *Notes*, p. 310.

格里:"建议为 15 年。"

鲁弗斯·金:"20 年吧,王子在位少不了也要这么些年的。"

威廉·理查森·戴维:"8 年吧。"[1]

最后,这个问题还是提交给了那个 11 人委员会,就是这个委员会后来建议采用选举人团的办法。

国家行政首长是否可以连任的问题要更为直接一些,但也同样难以解决,主要是因为它和任期问题是连在一起的。有些代表主张行政首长不可以连任,这样他才可以与议会保持距离(他们这么主张是因为他们以为行政首长是由立法选举产生)。另一些代表则强烈反对不能连任的主张,质疑为什么不能让干得很好的人继续干下去。来自康涅狄格州的罗杰·谢尔曼"反对那种轮流坐庄的主意,认为这会撵走那些最能胜任的人"。古

---

① *Notes*, p. 358.

弗尼尔·莫利斯持相同的观点:"这个草案条款(当时正在讨论的那个)所建议的不能连任的规定,会摧毁保持行为端正的良好动机和以再获委任作为补偿的期许。这就几乎等于对他说,趁着天好多晒草。"对于詹姆斯·威尔逊来说,他也不愿意看到让能干的人"像一艘废船一样被遗弃一边"。[①]对此,有些代表担心,如果允许无限次连任,国家行政首长就可能会演变成为君主。埃德蒙·伦道夫和乔治·梅森都有同样的质疑,伦道夫认为"人民对任何貌似君主制的东西都是反感的"。[②]

又是僵局——最后的办法是把连任和任期问题一起提交给那个 11 人委员会。该委员会由新泽西州的大卫·布莱利主持,会议闭门进行,讨论没有记录,会后决定向制宪大会提议一个比代表们之前建议的都要短的

---

① *Notes*, p. 49; p. 310; p. 359.

② *Notes*, p. 58.

任期：只有4年。但是，与此项建议捆绑在一起的是一项默认的建议——说是默认的，是因为在所提交的文本中实际上就没有提到——对在任者连任的次数没有限制。至此，代表们似乎都已筋疲力尽，也失去了耐心，委员会的这两项建议没有经过什么辩论就获得接纳。用7年或6年来代替4年的动议都被大比数否决，除北卡罗来纳州外的其他所有州最后都投票支持总统任期为四年而且可以无限次连任这个方案。翻阅麦迪逊的会议记录，读者可能会得出这样的印象，就是到了这个时候，代表们几乎可以接受任何安排，只要还有些道理就行。①

人民在选举行政首长上的角色还是没有完全厘清。一方面，人民不能直接选举总统。另一方面，由州议会来自行决定该州人民在总统选举上的角色——如果不能选举总统，则至少可以选举该州的总统选举人团。而

_____

① *Notes*，p. 590.

各州的选举人(无论是如何选举产生的)每隔 4 年——而不是 6 年、7 年、10 年、15 年或甚至 20 年——就来选举产生一位总统,而且只要他们愿意,他们就可以选举同一个人一次、两次或者很多次。无论如何,就总统选举而言,人民至少还是有份参与的。

像其他与行政部门有关的事情一样,行政部门可以行使的权力问题基本上也是到了最后才有定论。代表们一致认为要有一个强有力的行政部门,但又不能是独裁的君主,可是代表们又始终说不清楚他们实际上想要的是什么。经过艰难的讨论,在会议接近尾声的时候,代表们同意总统有权向参议院提交重要行政职位和司法职位的候选人名单,其他那些次要的职位总统可以自行任命。行政和立法部门各自在制定外交政策上的角色没有清楚划分,但规定了总统作为武装部队总司令,只有会同国会——最后他们决定把那分设为两院的立法部门称为"国会"——才拥有对外宣战的权力。

但对于人民在新体制里的角色问题的关注，表现在两个不同方面。一个是关于总统是否有权否决国会通过的立法，而如果有的话，国会是否有权推翻总统的否决。以制宪大会进展的正常情况看，在这两点上的共识来得是相当之快的。大部分代表赞成要有某种否决权，但又认为总统不应当有绝对的否决权，而是国会应当可以推翻他的否决。用罗杰·谢尔曼的话来讲，代表们"反对让一个人凌驾在全体的意志之上"；但他们同时又想让行政首长拥有实实在在的权力以维护他的特权，并——用麦迪逊的话来说——"防范大众或党派造成的不公"。[1]跟讨论别的问题时一样，州议会被指控犯有的各种越权行为在讨论中被放大。同样在不断地放大的，是在与会代表中广泛流传的一个观点，就是聚众总是会闹事的：

　　　对国家议会的管控或许会带来不便，但要

----

① *Notes*, p. 63；p. 629.

看到另一面的危险。那些好市民在作为立法
议员时经常会支持一些立法,但随后却又以平
民身份对这些立法感觉耻辱。对政府民选部
门的越权行为,一定要有所戒备。①

行政否决权既已获接受,制宪大会接下来关注的问
题就是议会如要推翻行政机构的否决,是否需要两院分
别以三分之二多数通过。那些最担心行政夺权的人
("谁能保证这个国家不会也出现一个克伦威尔?")最
强烈地反对需要绝大多数票,而是认为只需要过半数票
即可。那些最担心立法独大的人("行政和立法之间有
可能会出现激烈对立,而此时行政应当有能力保护自
己")认为必须要绝大多数票,甚至是比三分之二更难获
得的四分之三多数。②在制宪大会的最后几周里,代表们

① *Notes*, p. 63.
② *Notes*, p. 63.

以最微弱的票数差——六个州对五个州,还有两个州意见分歧——通过了采纳三分之二多数的建议。麦迪逊,这位会议记录者,本来是支持四分之三多数的,但这一次给自己一个显耀的机会,在记录里说弗吉尼亚州有一个代表和他的立场是一致的,这个人就是"华盛顿将军"。①

对于人民在新的政治秩序内的角色,代表们关注的另一个问题是在发生类似谢司所领导的那种起义时,中央政府要扮演的角色是什么。人们很容易忘记——按理说在发生了 1861 年的起义后不应该如此健忘——在代表们的心里,各种造反、起义、动乱随时可能发生的感觉始终挥之不去。他们害怕人民拥有武装,他们经常提及那些造反、起义和动乱的可能性,甚至明明在讨论无关议题时也会提及。在麦迪逊给自己的会议记录——他生前并没有出版——所写的序言里,有这么一段令人

---

① *Notes*,p. 629.

惊讶的描述:

> 随着公众对改革政治体制的意见日益成熟,在提出改革建议和费城大会之间的这段时间里,越来越多的意见认为有必要、而且要有一整套办法来保护联邦政府;促使形成这些意见的事件之一,是在马萨诸塞州发生的反政府"谢司起义";起义好不容易才被镇压下去,但联邦军队有可能干预对起义者还是形成了震慑作用。①

麦迪逊是其中一位强硬者,他认为这样的干预在未来应该具有更强大的震慑作用。

麦迪逊的观点原则上被接受了,于是会议接下来就集中讨论在什么程度上中央政府才可以——或者获请

---

① *Notes*, p. 13.

求——去干预各州的军事事务。这个问题比各州有什么权力管理自己事务更为棘手难办。艾尔布利奇·格里,也许是因为他所代表的州——马萨诸塞州——曾成功地镇压了"谢司起义"而且不需要联邦政府的支援,就明确表示反对联邦政府干预。他"反对没有州的同意就在州里使用联邦部队。对于任何起义,各州才是最合适的处置者。如果中央政府插手了,在马萨诸塞州的这次起义中还会有更多的流血"。①制宪大会拒绝了所有把州的军事事务全部转移至中央政府的建议,但核心观点没有被拒绝。最后形成的宪法,赋予全国议会特别的权力以"制定召集民兵的条例,以便执行联邦的法律,镇压叛乱和击退侵略",并"规定民兵的组织、装备和训练,以及民兵为合众国服务时的管理办法"。相应地,总统就成为"各州被召集来为联邦效力的武装部队"的总

---

① *Notes*, p. 475.

司令。从这里可以再次看到,人民还是要固定在原地,必要时甚至可以对他们使用武力。

至于新的联邦司法机构,人民在其中就没有任何位置了。在费城制宪大会上,压根儿就没有人提议联邦法官应由人民选举产生,也没有人支持联邦法官由联邦议会任命的建议——换言之,也就是让民选的第一院在法官的产生上扮演一个角色。制宪大会最早的决定之一,就是以九个州反对、两个州支持,否决了"国家司法机构应由国家议会选举产生"的动议。①詹姆斯·威尔逊在发言反对这个动议时说,"经验告诉我们,由人数众多的机构来任命法官是不合适的",麦迪逊颇为激动地说他也"不喜欢由议会或任何人数众多的机构来挑选法官"。②由民选的第一院来选举法官的可能性,后来在费

---

① *Notes*,p. 61.

② *Notes*,p. 67;p. 68.

城制宪大会上又议过一次,然后就再也没有认真讨论过。

但对于法官是否可由行政部门单独任命,或由议会第二院单独任命,或由两者以某种方式联合任命,一直都有讨论。首先,有代表赞成行政部门拥有排他且不受制约的法官任命权。詹姆斯·威尔逊希望法官"由某个负有责任的人来任命",而所谓的"新泽西计划"就有一个条款,表达同样的意思。但这个想法没有得到什么人支持,部分原因是因为这样一来会给行政部门太大的权力,所以最后被大多数否决。[1]相当多的代表更喜欢由议会第二院单独任命,而且没有来自行政部门的任何干涉。来自康涅狄格的罗杰·谢尔曼强调说:"法官候选人勾结参议院议员要比勾结行政长官困难得多。"[2]这

---

[1] *Notes*, p. 67.

[2] *Notes*, p. 317.

个选项一度曾获得 2:1 的多数支持,但后来共识逐渐围绕着一个主意而形成——这个主意最早是马萨诸塞州的纳撒尼尔·戈勒姆提出的,就是由行政部门提名法官人选,但须征得议会第二院的同意。"这个形式",就像戈勒姆自己说的,"已在马萨诸塞州经过了 140 年的检验。但如果是由议会两院中任何一院来任命,那也只是走走过场而已。"①

然而,有一个重要问题始终未能解决。实际上就没有人认真想过要解决它,至少在制宪会议上是如此。这个问题就是联邦法官是否有权宣布议会的法律及行政机构的行为因为违宪而无效。也许是代表们觉得摆在他们面前的问题已经够多了,他们已没有心情再去解决另一个棘手问题。代表们在讨论其他问题时的发言显示,如果制宪大会讨论这个问题,就必定争吵不休。麦

① *Notes*, p. 317.

迪逊似乎认为"一项法律,如果违反由人民制定的宪法,则由法官来宣布其无效"是理所当然的。但在另一个场合讨论另一个问题时,来自马里兰州的约翰·默赛尔说他"不赞同这种观点,即法官作为宪法的解释者可以有权宣布法律无效"。①最后,宪法只是模棱两可地写道"本宪法以及依本宪法所制定的合众国法律······都是国家的最高法律"。这个本该由制宪大会解决的问题,后来是由联邦法院从1803年的马伯里诉麦迪逊案开始逐步解决了。

关于宪法需要修改时如何修改的问题,制宪大会也没有定论。代表们当然认识到他们草拟的宪法不可能完美无缺,即使它完美无缺,国家也必定是要发展变化的。正如乔治·梅森所说,"制宪大会尽管汇集了那么多杰出人士,但也不可能期待他们能缔造出一个不会犯

① *Notes*, p. 353; p. 462.

错的政府";来自特拉华州的甘宁·贝德福德认为"不完善的规划总比什么规划都没有好。他看不到有任何理由,为什么这些不完善的地方在 10 年、15 年或 20 年之后还得不到解决"。①在两次讨论修改办法的会议上,意见分歧都非常大。有些人觉得修宪建议应该由国家议会提出,有些人则觉得应该由州议会提出。有些人认为专门的修宪会议应该在修宪中担任核心角色,有些人则另作他想或质疑这样的修宪会议是否可以及如何组织起来。最后的结果——这是一次让几乎每个人都满意的成功尝试——就成为了整部美国宪法最复杂的条款之一:

> 国会在两院三分之二议员认为有必要时,应提出本宪法的修正案,或根据各州三分之二议会的请求,召开制宪会议提出修正案。不论

---

① *Notes*,p. 159;p. 242.

哪种方式提出的修正案,经各州四分之三州议

会或四分之三州制宪会议的批准,即实际成为

本宪法的一部分而发生效力;采取哪种方式,

得由国会提出建议。

事实上,仅仅两天后,宪法就获签署了,代表们根本没有时间去把这个条款里的东西弄清楚。

在他们于费城度过的那个炎热而漫长的夏天里,美国的这些建国之父们建立起了一座宪法权力大厦。正如我们已经看到的,他们把地面一层的一个大房间给了人民,也就是各州选民选出的议会中人数更多的那一院。但暂时而言,人民所得到的也就是这个空间了。这座新大厦里的其他房间,如果说人民有权进入的话,也只是有限的及不直接的进入权。议会的第二院——参议院议员是由各州议会选举产生,而不是人民。行政首长,也就是总统,是由各州任命的选举人来挑选,而任命选举人的方式完全由各州议会自己作主,可以是(也可

以不是）人民选举。法官不是由选举产生。所有其他政府机构都被赋予各种权力，以制衡人民的意志以及人民选出的那些代表的意志。众议院可以完全自主的事情，没有什么可以算得上是举足轻重的。

以 18 世纪末的情况而言，一个国家的宪法不但需要人民制定和确立，而且还要给予人民一份实质的且不可剥夺的政治权力，这确实是非同凡响且令人惊叹的。英国的下议院毫无疑问有潜质终有一天成为真正的人民院，但在 1780 年代，它显然还不是。而那时，英国的主权是掌握在——还能在哪里呢？——君主的手里。美国 1787 年宪法，如果以当时的文明标准来看，至少领先了几十个年代。然而，与此同时，美国宪法所构建的各种安排，也完全不是以人民为唯一的或主要的政治力量。人民获得了一席之地，这是毋庸否认的。但同时人民要被固定在那里，画地为牢。建国之父们对美国人民——同时也是对广义的人民——的这种深刻的矛盾心态,在他们的所作所为中都展现无遗。

　　建国之父们所制定的这部宪法,于 1787 年 9 月 17 日在宾夕法尼亚州议会大厦签署。到 1788 年 6 月底,也就是不到一年的时间,已有法定需要的九个州通过,因此开始生效。四个最大的州——宾夕法尼亚、马萨诸塞、弗吉尼亚、纽约——都在同年 7 月底通过,就等少数几个犹豫不决的州加入。宪法的通过,引起激辩,包括在所有的大州。有人批评新宪法削弱州的独立和权威,也有人批评新宪法歧视贵族体制和君主制。但那些后来被称为"反联邦党人"的,处处都遭遇败绩,当时那个依《邦联条例》成立的美国国会自行解散。第一次总统选举在 1789 年 1 月举行,选举人一致选择的总统人选——乔治·华盛顿,于 1789 年 4 月 30 日宣誓就职。

　　1787 年夏天在费城聚集的这些前辈,希望并祈祷他们所建立起来的政治大厦能够千秋万代、屹立不倒。

他们希望,他们是在建设未来。他们中的一位说:"我们正在为一个伟大的帝国奠基。"①制宪大会上所有辩论的一个最显著特点,就是代表们处心积虑要尽他们之所能建立起一个既稳定而又能永续的政治体制。正如我们已看到的,他们都很坦白地承认他们的宪法是需要修正和调整的,但他们仍然下定决心,要尽他们之所能,不能让他们建立的大厦外观不美、根基不牢,甚至某一天会轰然坍塌。埃德蒙·伦道夫的一席话似乎道出了他们的共同心声:

> 总是会有某种特定的时候,凡事都需要格外小心谨慎,而现在就是这样的一个时候。如果都依着他,任何有必要的事,他都必须要办妥。现在机会难得,而且很有可能时不再来。②

① *Notes*, p. 551.

② *Notes*, p. 128.

"有些事必须做",艾尔布利奇·格里说,"否则我们不但会让美国失望,还会让世界失望。"①

但代表们的希望和期待完全不是同一回事。他们全都担心,他们推出的宪法有可能得不到足够多州的通过,也可能得不到一两个最大或最重要的州的支持。他们同时也明白,即使宪法获得通过,要将它付诸实施,恐怕还是一个不可完成的任务,联邦政府的权威会受到那些不安分的州的挑战,而州与州之间会开始恶性竞争,甚至互相挑衅。民众起义总是一种可能。南方与北方因奴隶问题而决裂也总是一种可能,这个问题在制宪大会上不断有人提及,但从未认真讨论。麦迪逊不止一次强调,美国的根本分歧不是在大州与小州之间,而是在北方州与南方州之间——"原因就在于"——正如他说的——"他们有还是没有奴隶"。②倘若这些建国之父们知道南北之

---

① *Notes*, p. 236.

② *Notes*, p. 51.

间因为奴隶问题而导致一场残酷的战争,他们一定会感到失望和沮丧,但他们一点儿也不会感到意外。

因此,建国之父们明知他们是在冒高风险,也知道他们的历史赌注有可能会落空。这种既野心勃勃又提心吊胆的复杂情绪在制宪大会上从来没有任何显露,但在《联邦党人文集》的开篇第一段(正好是亚历山大·汉密尔顿所作)可以清晰看得出来:

> 对目前联邦政府的无能有了无可置疑的经验之后,要请你们为美利坚合众国慎重考虑一部新的宪法。这个问题本身就说明它的重要性;因为它的后果涉及联邦的生存、联邦各部分的安全与福利,以及一个在许多方面可以说是世界上最引人注意的帝国的命运。时常有人指出,似乎有下面的重要问题留待我国人民用他们的行为和范例来求得解决:人类社会是否真正能够通过深思熟虑和自由选择来建

立一个良好的政府,还是他们注定永远要靠机遇和强力来决定他们的政治组织。如果这句话不无道理,那么我们也许可以理所当然地把我们面临的紧要关头当作是应该作出这项决定的时刻;由此看来,假使我们选错了自己将要扮演的角色,那就应当认为是全人类的不幸。①

1787—1790 年间通过的这个宪法文件,不可避免地是一个略显杂乱的作品,充满着各种妥协、让步以及最后关头的匆忙决定。谁都可以从中找出漏洞,确实也有

---

① 这是汉密尔顿的观点。但乔治·华盛顿也表示过类以观点。他在法国时,在这部新宪法上附上一个小纸条,说:"这是个命不由己的孩子,有人宠,有人憎。对它的总体评价如何,有多大的接受程度,不是由我说了算,我也不会说什么支持和反对它的话。如果它是好的,它就会有好的发展;如果它是坏的,它就是对起草者的报应。"引自 Michael Kammen, *A Machine That Would Go of Itself*: *The Constitution in American Culture* (New York: Alfred A. Knopf, 1986), p. 43.

不少人找出了它的漏洞。代表们自己也深知这个文件有着各种瑕疵(尽管他们并不总是同意那些瑕疵是什么)。所写成并通过的这样一部宪法,可能是当时解决一系列政治问题的最佳方案,而这些政治问题,许多是前所未有的,其中不少还相当棘手难缠。与此同时,这又是一个重大的国家文献,是人类历史上最举足轻重的文献之一,是人们所熟悉的那种政治互动过程的结果。代表们当然很高兴他们能闭门完成这件事情。他们经常提到这个事实。来自马萨诸塞州的鲁夫斯·金,在制宪会议提出最后一项决议案时,建议制宪会议的会议记录要么销毁、要么就交由会议主席来保管。他的用意很明显:"他想如果这些文件不幸被公开,就会被那些千方百计要阻止宪法通过的人恶意利用。"①他的建议获得

---

① *Notes*, pp. 658–659. 同时参见 Kammen, *A Machine That Would Go of Itself*, p. 26.

采纳。

　　然而,在接下来的几十年里,有一个方面的发展应该会让当年在座的大多数代表感到意外和惊喜,甚至还会让有些人觉得饶有趣味。这方面的发展为什么会发生、什么时候发生,历史学家多有争议,但没有争议的是它确实发生了。那就是,1787年宪法后来在美国(在今天的美国依然如此)被视为国家的象征,是一个几乎被奉为神圣的文本。21世纪初的大多数美国人,也许对美国宪法到底说了些什么所知不多,还有很多人把它与《独立宣言》混为一谈。大家对宪法具体条款的真正含义各持己见,甚至完全相左,法官和法院在不同年代对宪法进行不同的解释,有时候在同一时代还有不同的解释。1787年宪法已一次又一次地被正式修改。但不可否认的事实是,自从这部宪法在18世纪末获得通过以来,从来没有发生过任何严肃的、有组织的行动要推翻它或用另一种完全不同的东西取而代之。这个美国政治历史上的"零事件",其重要性并不亚于任何已发生的事。

就我们的特定目的而言,细节并不重要,但长年以来人们谈及宪法时所使用的语言却是很有说服力的。那种语言往往——甚至太过频繁以至于没有引起注意——都是带有宗教信仰性质的。早在1788年,本杰明·拉什就提出这样的想法,认为宪法"就恰如《圣经》新旧约所记载的神灵作出的各种神迹一样,是造物者的创作",而乔治·华盛顿在对美国人民的告别演说中表示,希望"宪法能得以神圣地维持下去"。[①]伍德罗·威尔逊在成为美国总统前的一次演讲中坦白地说:"我从小就对美国宪法的文本和内容怀有由衷的尊重。"[②]

---

① 引自 Kammen, *A Machine That Would Go of Itself*, pp. 45, 71.

② Ibid., p. 169.

1830年的一位国会议员和1920年代的一位美国最高法院首席大法官都把美国宪法称为"我们的约柜"。[1] 1987年,里根总统在纪念宪法200周年的庆典上把美国人民对宪法的感情形容为一种"尊崇"。"这就是一个人类的誓约",他接着说,"但同时也是与我们的建国之父们经常向其求助的那个上帝的一个誓约。"[2]每年都有成千上万的美国人怀着崇敬的心情前往费城国家宪法中心参观,还去观看展放在华盛顿特区国家档案馆里的宪法原本。这两个地方都是美国的圣殿,是(美国人)朝圣之地。

对本国宪法的尊崇,在世界上没有哪个国家能做得

---

[1] 引自 Kammen, *A Machine That Would Go of Itself*, p. xviii.

[2] "Bicentennial Observance of the U. S. Constitution", in *Historic Documents of 1987*(Washington, DC: CQ Press, 1988), pp. 768–771.

像美国这样。英国并没有法典化的宪法,这是众所周知的。日本最新的宪法是 1947 年制定的,意大利的是 1948 年,德国 1949 年,法国 1958 年,西班牙 1978 年,波兰的是 1997 年。印度是在 1949 年才有了第一部民主宪法。然而,即使世界上其他的民主宪法和美国宪法一样已历经漫长岁月,它们当中能否有一部能够获得美国宪法这样的神圣地位,仍是很成疑问的。美国宪法很早就已获得了这种标志性的地位,而其他国家尽管都有各种不同的国家象征,但没有一个是跟宪法或法律有关的。美国宪法毫无疑问是紧紧地抓住了美国人民的想象力,部分是因为它与美国的繁荣和成功有着历史的联系,部分是因为一代又一代的美国人都能成功地调试它以适应不断变化的社会,再有就是因为它的重要条款都可以作出各种不同的解释,但还有一个更确实的原因,就是直到 21 世纪初,美国宪法和它在 18 世纪末的时候还是一个样子:还是那一套政治安排,给美国人民以最多的承诺,但最不可能让美国人民撕裂。正如美国一位参议员所说的,"是宪法让我们抱成一团"。[①]建国之父们发现,为1780年代那个社会相对同质的美国制定一部宪法是一件十分困难的事,他们的后来者(如果有的话)就可能会发现,要为如今这个更为多元的美国制定一部同样可以接受的宪法,将是一件完全不可能的事。这也许就是为什么从来没有举行第二次制宪大会的原因。倘若真的举行第二次制宪大会,那会是一个什么样的场景,想想就让人却步甚至害怕。房顶都有可能被掀下来。

尽管如此,1787年宪法的大部分如今依然还在,不仅仅是作为标志和象征,而是作为一种活着的政治方法和政治机构。建国之父们的这部宪法可能任何时候都

---

① 引自 Kammen, *A Machine That Would Go of Itself*, p. 398.

很难修改了——写这部宪法的人就希望是这样——但大部分美国人也从来不希望看到宪法有根本性的改变。宪法不仅是美国法律结构的核心,同时也是其政治结构的核心。宪法的各种具体条款都有什么好可以暂且不论,宪法里有着这些条款这个事实本身,就已经可以自动并自觉地唤起大多数美国人的爱国心。本书将在下文探讨的是,建国之父们在 1787 年制定的东西,其大部分在两个多世纪后仍然是一个有效的主要政治存在,这样一个事实会带来哪些实际影响。他们的遗产构成了美国政治制度所赖以建立的两大板块之一。

4

人民地位的提高

　　细心的读者可能已经注意到,我们在前两章的论述有略显奇怪的地方。这两章主要讨论人民在新的美国政治制度里所要扮演的角色,却一点儿也没有说到民主。尽管这两章的题目都提到"人民",但"民主"和"民主的"这样的词汇在这两章里从未被使用或引用。原因其实很简单,就是没有必要使用。讨论人民在新制度里的角色问题,完全可以不直接提到"民主",以免带出更多的问题。

　　但除此之外还有两个原因。一是建国之父们尽管嘴边常挂着民主,但他们所谓的民主与我们今天所理解的意思完全不同,所以,如果用这个特定的词汇去谈论民主,恐怕只会引起混淆。出席制宪大会的代表们在使用"民主"这个词时,是泛指一种政府体制("人民愿意支持")、一种心态("民主精神的冲击和激荡")、一个议会下院("民选院")以及人民的近义词——全体选民("民主")。①如果在前两章里讨论民主,就等于要提前触及一些暂时无关而且还容易混淆的问题,那只会徒劳无功。

实际上,那样做还有可能会遗漏一些东西,因为制宪大会上的发言者——以及麦迪逊在《联邦党人文集》里一篇很著名的文章中——偶尔使用"民主"这个词时,不是指我们今天所理解的东西,而是指那种小规模的、面对面的民主,需要经常性的公众集会,也就是古雅典所搞的那种民主。这就是麦迪逊在使用"纯粹民主"这个说法时他心中所想到的东西。而对于那样的"纯粹民主",他甚是不以为然:

①　*Notes*,pp. 64,135,110 and 234.

> 一种共同的激情和利益几乎每次都会在全体中的多数产生共鸣,这就是这种政府的交流方式和必然结果。没有任何东西可以制约大多数,以防止他们去牺牲少数或个别不为他们喜欢的人。故此,这样的民主从来就意味着混乱和对抗,从来就被认定与人身安全和财产权利水火不容。这样的民主,总而言之,活得并不长久,正如其死后也不得安息一样。[①]

所以,麦迪逊和其他建国之父们当然不会提倡任何形式的"纯粹民主",搞那样的民主,像苏格拉底这样的人就会被认定为"不讨人喜欢的人",从而被公众集会判处死刑。麦迪逊是要让大家放心,尽管有这样那样的说法,但新宪法是肯定不会搞"纯粹民主"的。

[①] 参见 Madison, *Federalist Papers 10*.

至此不谈民主的另一个原因,是因为今天的民主是一个极富价值含义的概念,甚至比麦迪逊时代有过之而无不及。在 21 世纪,若说某件事情是"民主的",就等于说它是好的,无需论证,也不必考究。若说某件事情是"不民主的",就等于说它是不好的,同样无需论证,也不必考究。但是,前两章的目的既不是要赞美、也不是要批判民主,而只是想强调:第一,美国人民(或者至少是那些有投票权的人)确实可以在新的美国政治制度里扮演一定的角色;第二,但同时,他们的角色非常之有限。新制度是否因此而变得民主或者不民主,当然是仁者见仁、智者见智。但依我们看,显然是两者兼而有之。

但现在不必再回避使用"民主"这个词了,继续回避甚至是不对的,因为不久后美国发生了一场真正支持民主的革命。这既是一场思想上的革命,也是一场行为上的革命,并由此形成了现代美国政治制度所赖以建立起来的另一个板块。革命产生了好几个重要的宪法修正案,给费城宪法文本的具体措辞和宪法的运作都带来了重大变化。革命也转变了美国越来越多州政府的理念和作风。

早在独立战争和费城制宪大会前,美国就已经出现种种迹象,显示它会成为一个民主思想和民主行动勃兴的社会。这在当时世界,可谓独树一帜。1787 年宪法的制定者清楚明白这一点。而这一点认识,正是他们要防止人民——"民主"——成为新政府主要力量的主要原因之一。宪法制定者对新政治秩序的愿景——克制、温和而且富有贵族气质——与民主主义者的激进想象相去甚远。这些民主主义者就是那些政客、时事评论员和选民,他们人数越来越多,而且很早就已主导了政治议题的话语权,从地方到州,直至全国。

早期美国是一个怎样独特的社会,这点很容易被忽视。世界上找不到像它那样的地方，世界上大多数地方与它都有着天壤之别。就说一点吧，那时候的美国白人——当然不是美国黑人和奴隶——都相当有钱，这是世界上其他地方所罕见的。社会阶层的确存在，那是当然的，但如果以世界标准来衡量，那时候的美国社会阶层差别并不大，就如同是一片连绵的丘陵，而不是一片平地上突见一座高峰拔地而起。美国的社会阶层非常不稳定：上下流动的人口数量很大，速度也极快。外国人对美国生活这种融洽的平等主义几乎都赞不绝口，尤其是与他们所在国家的情况相比以后。托马斯·杰弗逊在1787年从法国发回的报告中说："（法国）二百万人口中，就有十九万比整个美国可以找出来的最悲惨可怜的人还要悲惨可怜得多。"①五十年后，托克维尔在他的

---

① 引自 James A. Henretta, *The Evolution of American Society, 1700–1815* (Lexington, MA: D. C. Heath, 1973), p. 188.

《论美国的民主》一书中用这样的话开头："在我逗留期间，美国没有别的新鲜事能像人人平等这个事实给我留下深刻的印象。""财富，"他说，"在那里以不可思议的速度流转，而从过往的情况看，很少有富过两代的"。他特别强调这一点："美国人比世界上其他任何地方和有史以来任何时期的人都更接近财富和精神上的平等。"①

美国白人不仅比世界上任何地方的人都更平等：他们还以他们的平等心而自豪，而且把他们的平等态度视为一种美德。没有人会被视为高人一等，至少在他能作出如此证明之前，而即使他能作出如此证明，他大概也不会被视为高人一等。一位来到费城的外国游客不仅

① Alexis de Tocqueville, *Democracy in America*, ed. J. P. Mayer and Max Lerner, trans. George Lawrence (New York: Harper & Row, 1966), pp. 9, 54 and 56.

赞叹美国人的物质财富,还赞叹他们没有那种"他们是社会里低人一等的卑微小民的感觉"①。贵族头衔以及其他显示社会地位高人一等的称谓,比如"Gentlemen"/"Esquire"(先生),不再流行,取而代之的是平常所用的"Mr."(先生),并迅速成为社会各阶层流行使用的称谓。当然没有人去要求物质财富的平等,他们所追求的、而且是越来越多人所认同的,是尊严上的平等。是成就,而不是背景,更能凸显一个男人(并惠及他妻子)的社会地位。最优秀的人是那种自我成就的人,他所拥有的一切,都是自己奋斗的结果,而不是来自馈赠或依赖权势。"平等",用历史学家戈登·S. 伍德的话来说,"事实上就是那场革命所释放出来的最激进、最强大的思想力量……一旦被激发出来,平等的思想便不

① 引自 Henretta, *The Evolution of American Society*, p. 9.

133

可阻挡,并以强大无比的力量穿透美国的社会和文化。"①

在美国,拥有财富既是有效的社会区别,也是有效的社会平衡。头衔、称谓以及所处的社会地位并不能把一个美国人和另一个美国人区别开来。社会区别,是财富(而且只有财富)才能完成的事。大多数美国人都渴望拥有财富,他们大都相信自己会拥有财富,而实际上确实很多人都实现了他们的财富梦。美国人都相信,只要努力肯干,再加上运气如果不至于太差,就一定会获得相当可观的财富。早在独立战争前,就有人在对纽约当地情况进行观察后说:"年轻人公认的人生原则就是挣钱,人的尊严和价值——也就是有多少钱——是成正

---

① Gordon S. Wood, *The Radicalism of the American Revolution* (New York: Alfred A. Knopf, 1992), p. 232.

比的。"①美国人在财富上可以是不平等的,实际上也是如此。但美国完全没有贵族社会常见的派头和势利,这确实能让美国人在渴望财富和追求财富时感受到道德上的平等。当然,如果拥有财富的人个个都是守财奴,而且还要把财富传给下一代,那么这种道德上平等的信念就会受到削弱。但在美国的经历中,从成功阶梯上掉下来的人比比皆是,有些还是广为人知的个案。曾有人认为,1790年代,一批重要人物(包括至少一位出席制宪大会的代表)的财政破产,进一步强化了美国本来已有的平等观念。②

跟世界其他地方的兄弟姐妹不同的是,早期美国人大多数都能读会写。文化程度至少与同时代的英国不

---

① 引自 Henretta, *The Evolution of American Society*, p. 99.

② Wood, *The Radicalism of the American Revolution*, p. 266. 那位不幸的代表是宾夕法尼亚州的詹姆斯·威尔逊。

相上下,比大多数欧洲大陆国家则要高出许多。大多数美国人至少都上过小学,到 18 世纪末,美国各州男性成年白人识字率从来不低于 70% ,有时甚至接近 100% 。[1]而且,美国人不仅仅能读,还确实爱读。据估算,托马斯·潘恩 1770 年代中发表的那本具有划时代意义的小册子《常识》走进了大约 10 万个美国家庭。[2]三四十年后,当时有人计算过,尽管美国的人口只有英国的一半,但报纸的销售量已是其宗主国的三分之二。[3]到 19 世纪

---

① Lawrence E. Cremin, *American Education*:*The Colonial Experience*, *1607－1783* (New York:Harper & Row, 1970), p. 546.

② Richard D. Brown, *The Strength of a People*:*The Idea of an Informed Citizenry in America*, *1650－1780* (Chapel Hill:University of North Carolina Press, 1996), p. 65.

③ Daniel J. Boorstin, *The Americans*:*The Colonial Experience* (New York:Alfred A. Knopf, 1958), p. 327.

初,随着美国的商业越来越发达,甚至连本来只是种地糊口的农民都把他们的收成拿到市场上来出售,阅读对于成千上万的美国人来说就不再是一种消遣,而是一种生活的必需品。[1]

部分是由于早期美国的社区散落四处且规模不大,部分是由于18与19世纪之交的美国几乎没有政府管治(欧洲意义上的"国家"几乎不存在),还有部分是由于美国从来没有形成过内部联系紧密且相互扶持的家族组织,所以美国人从一开始就养成了自力更生的性格。特别是在新英格兰以及大西洋沿岸中部的各州,他们成立各种各样的志愿组织,以共同交流和相互帮助。这些组织所履行的功能在欧洲通常是由国家来履行的。美国人这种为了共同利益而抱团的做法非常普遍,且又

---

[1]　Wood, *The Radicalism of the American Revolution*, p. 313.

如此新鲜,以至于托克维尔觉得必须在他的《论美国的民主》中予以大书特书,并给他的欧洲读者解释其中的重要意义。他把这种现象描述为"联合体"。"联合体被更好地利用",他写道,"这个有力的行动工具在美国比在世界任何地方都被应用于更多不同目的。"①这些自愿联合体的内部组织是参与式、不分等级的,通常都有不同背景和不同身份的人参与。随着时间的推移,这样的组织就构成"社会流动的阶梯,下自社会底层,上达国家领导。同时,这些组织也让社会上层或社会领袖可以与不同阶层的市民广泛接触"。②美国毫无疑问是世界上最早形成我们如今称之为公民社会的地方。

---

①　Tocqueville, *Democracy in America*, p. 189.

②　Theda Skocpol, "How Americans Became Civic," in Theda Skocpol and Morris P. Fiorina, eds., *Civic Engagement in American Democracy* (Washington, DC: Brookings Institution, 1999), p. 10.

这种自愿而又不分等级的组织办法大行其道,美国那些最重要的社会机构就是这样形成的,只有基督教会这个大家庭除外。在美国人以及他们的祖先所来自的大多数欧洲国家,都是一个基督教派统治着宗教生活。在英格兰,圣公会是依法而确立。而且,大多数的基督教派——包括英格兰的卫理公会和爱尔兰以及欧洲大陆的罗马天主教会——都是既在组织结构上等级分明,又在布道方法上循规蹈矩的。简而言之,在整个欧洲以及一些美国早期殖民地,占统治地位的教会都宣扬、甚至试图坚持某种形式的自上而下的正统教派。但在美国,这种坚持正统的努力不断地失败。基督教派不断地扩张,现有的教会分裂,新的教会成立。牧师和传教士为吸引信徒而相互竞争。现任或未来的宗教领袖在宗教思想的市场上展开竞争,就如同商人和厂商在世俗市场上展开竞争一样。同时,信徒不但自己决定他们要追随哪种信仰,而且还要决定谁来领导他们所选择的信仰。在后革命时期的美国,自上而下的正统不断地让位于自下而上的多元和异端。无数的群众宗教运动,结果之一就是"让普罗百姓强大起来"。[①]

早期美国还有一个方面是非常独特的。在独立战争前,美国就已经有很多民选的代表机构,担任政府管治的重要角色。在不同的殖民地,这些民选机构的具体角色、重要性以及选民基础都各有不同。但在所有的殖民地都有这样的民选机构,它们大多数都是在殖民地建立之时或之后不久成立的。早在 1681 年,当时最激进的殖民地开创者之一威廉·佩恩就宣称,在新成立的宾夕法尼亚州(以他父亲的名字命名),人民"可以自行制定法律";二十年后,当佩恩知道他所亲自制定的州宪法并不为大家喜欢时,他甚至邀请殖民地议会来重写州宪

---

①   Nathan O. Hatch, *The Democratization of American Christianity* (New Haven, CT: Yale University Press, 1989), p. 10.

法——议会确实也去做了。①宾夕法尼亚是个极端的例子,但在18世纪中并早在独立战争之前,在每一个殖民地,民选议会都已成为最强大的一个政府部门。而且,"民选"这个词已在实际上得以正名。到独立战争时,有投票权的白人成年男性比例在那些土地昂贵、工资较低的老殖民地约为40%—50%,而在有更多自由土地拥有者的那些新殖民地则高达70%—80%。②可以肯定的是,同时期的英国虽然也有一个拥有实权的民选议会——下议院,但以美国的标准看,英国的选民规模小

---

① John M. Blum et al. , *The National Experience*:*A History of the United States*, 8th ed. (Fort Worth, TX: Harcourt Brace Jovanovich, 1993), pp. 40–42.

② Alexander Keyssar, *The Right to Vote*:*The Contested History of Democracy in the United States* (New York: Basic Books, 2000), p. 7.

得都可笑。①

既然早期美国的社会结构相对扁平并且富有平等意识，既然美国的公民社会如此丰富多样，既然还有这样的事实，就是早在殖民地时期，美国白人就已经可以投票选出有实权的代议机构，而且投票人数之多史无前例，那么，独立战争后的美国人如果不想当然地认为他们拥有上帝赋予的权利可以在新的共和政府中扮演一个重要角色，那才是不可思议！再顺理成章不过的，就是选举权——投票选出谁来代表和管治他们的权利——只会不断地扩展到越来越多的美国人。

那正是后来所发生的。美国所发生的这一切，与19世纪和20世纪初世界各地——英国、北欧各国以及大英帝国的殖民地如澳大利亚、加拿大和新西兰等——所

---

① 并没有准确的数据，而且估算各异，但在同时期大概只有不到10%的英国成年男性有投票权。

142

出现(虽然时间晚许多)的民主进程遥相呼应。然而，正如我们将要看到的，让美国在那个时代就出类拔萃，而且让美国今天仍然与众不同的，就是在美国所有的政治思想以及几乎所有的政治操作中所赋予人民的绝对中心地位。于是，"我们合众国人民"不仅要制定和确立一部他们愿意受其统治的宪法，而且只要有可能，他们自己就是政府。这样的想法和做法，没有在任何其他国家出现过。美国在这一点上确实与众不同——今天依然如是。①

---

① 一个比较明显的例外是瑞士这个小国，它的州也很小，政治体制高度去中央化，还经常举行全民公投。政治学者一般都忽视瑞士，正如大多数欧洲人忽视瑞士(除了去摄影、滑雪、登山)一样。但这是一个值得研究的国家。参见 Wolf Linder, *Swiss Democracy：Possible Solutions to Conflict in Multicultural Societies*, 2nd ed.（New York：St. Martin's Press, 1998）；Jurg Steiner, *Amicable Agreement versus Majority Rule*（Chapel Hill：University of North Carolina Press, 1974）；and Jonathan Steinberg, *Why Switzerland*? 2nd ed.（Cambridge University Press, 1996）.

美国社会面貌所特有的巨变发生于 1800、1810 和 1820 年代,直到 1828 年安德鲁·杰克逊当选总统。在这个新共和国的早期,人民当家作主与其说是一个成熟的理论或信条,倒不如说是一个偶然的假设——来自殖民地的经历和后来对君主制或贵族体制的拒绝。1787 年宪法的支持者和反对者(所谓联邦党人和反联邦党人)之间的那些辩论,尤其能说明这一点。尽管很少有人提到,但事实就是,那些辩论并不是那么具有前瞻性,而且涉及的理论范畴也相对狭小。

反联邦党人毫无疑问比联邦党人对人民寄予更大的信任。他们认为新宪法里有着太多的反民主元素,他们对此甚为不满。他们不喜欢合众国总统的选举方法,因为这样选出来的总统可以手握大权。他们也不喜欢合众国参议员的选举方法,因为大多数权力可能会慢慢地为少数几个议员所操控。他们甚至也不信任最高法院以及联邦司法机构。反联邦党人对众议院这个新体制中貌似民主的机构也同样不屑。弗吉尼亚州的乔治·梅森是三位出席费城制宪大会但又拒绝签署宪法的代表之一，他就坚持认为"众议院的代表性徒有虚名"。[①]同样是来自弗吉尼亚州的理查德·亨利·李也不接受拟议中的众议院，认为它的"代表性简直不值一提"。[②]一位署名为"联邦农民"的反联邦党人，在文章中批评"联邦众议院根本就没有什么民主可言"。[③]

然而，反联邦党人反对宪法的一个显著特点是，他们的立场既不是建立于任何对人性的崇高信仰，也不是建立于某种对"人民"的特别尊重之上。在反联邦党人

---

① 引自 W. B. Allen and Gordon Lloyd, eds., *The Essential Antifederalist*, 2nd. (Lanham, MD: Rowman & Littlefield, 2002), p. 16.

② 引自 W. B. Allen and Gordon Lloyd, eds., *The Essential Antifederalist*, p. 20.

③ Ibid., p. 155.

汗牛充栋的文章、书信和无数的演讲中，人民既没有在道德上得到颂扬，也没有被赋予超自然的智慧。反联邦党人的文章除了说到要让人民来选举那些管治他们的官员之外（因为他们在美国早就拥有选举权），就再也没有提到应赋予人民其他权力。所以，反联邦党人反对宪法的立场，并不是建立于对人民的美德和智慧的信任之上，而是出于认为没有任何人或任何社会阶层是特别地崇高和睿智，或者说，至少没有任何人或任何社会阶层可以被信赖是特别地崇高和睿智。换言之，大多数反联邦党人并不比反精英主义者和民粹主义者更支持民主和由人民来当家作主。

反联邦党人关注的焦点，是要防止让一个自私自利、社会地位优越而且政治上见风使舵的少数去统治一个同样自私自利但社会地位较低、政治上也没那么势利的多数。这是出席费城制宪大会许多代表（不仅仅是詹姆斯·麦迪逊）的共同关注，尽管他们可能并没有意识到这一点。代表们同时也赞同麦迪逊的观点,即必须以利益制衡利益,以派别制约派别,权力必须分散。反联邦党人对新宪法的担忧就在于它集权,而任何权力的集中最终只会以其他人的代价让一小部分人受益,通常就是有钱有势的少数人受益,大多数人付出代价。反联邦党人对暴政和贵族统治的恐惧,远远超过他们对创立一个由人民作主的乌托邦的期待。一位自称为布鲁图斯的人把这一点说得再直白不过,他这样评价拟议中的新宪法:"这简直就是一个由少数人压迫和掠夺大多数人的政府。"①另一个自称为贤田奈尔的人说得没那么直白但同样尖锐:"经过对这个(建议中的联邦)政府组织结构的研究,可以看出,它对广大人民根本没有什么责任,与其说它是一个有恒常权力制衡的政府,还不如说

---

① 引自 W. B. Allen and Gordon Lloyd, eds., *The Essential Antifederalist*, p.256.

它实际上就是一个永久的贵族体制。"①

　　不仅仅是由于害怕一个永久的贵族体制政府,同时也由于意识到社会是由各种不同而且可能相互冲突的利益所构成,反联邦党人还急切地要求新宪制里的民主元素——甚至是所有元素——都必须充分反映和体现这些不同的利益。他们希望联邦议会比宪法草案所建议的要大许多,也就是其组成人员比建国之父们所建议的要多得多。如此一来,一方面选区会更小,因此每一个被选出的人都可以与他的选区保持更紧密的联系;另一方面,不同的利益、不同的界别、不同的政见都可以在新的国家体制内——特别是议会内——有所代表。大多数反联邦党人都反对建立一个强大的中央集权政府,因为在他们看来,这样的政府比现有的州政府更远离人

---

　　① 引自 W. B. Allen and Gordon Lloyd, eds., *The Essential Antifederalist*, p. 104.

民,更容易成为一个邪恶的全国独裁政府。在反联邦党人看来,自由是地方的。正是由于他们非常关切在一个强大中央集体政府下美国自由的未来,所以他们坚持要在宪法里加入人权法案。他们的坚持在宪法通过后不久便如愿以偿。如果自由不再是地方的,那就必须在宪法上对自由提供有约束力的保障。

在1787年下半年和1788年上半年期间,围绕着批准宪法而在联邦党人和反联邦党人之间进行的这场政治激战双方都斗志昂扬,但需要指出的很重要的一点是,他们的哲学基础大概是一致的。双方都希望维持结盟,都希望所建立的联邦政府既是高效的,同时还是自由的、权力有限的。他们的目标完全一致,只是对达至目标的手段各有不同主张。这就是为什么联邦党人(包括麦迪逊)乐于接受在宪法里加入人权法案和反联邦党人在加入人权法案后可以接受整部宪法的原因之一。德国历史学者威利·保罗·亚当斯较早前就注意到,在美国的这场宪法辩论中,根本就没有人提到法国哲学家卢梭的思想——卢梭主张人民主权,认为应当将不受约束的、不受限制的权力毫无保留地交给人民。即使是最激进的反联邦党人,更不用说联邦党人,都从来没有想过要把卢梭的主张拿来用到美国。不叫的狗会咬人,而卢梭就是那"从来不叫的狗",至少在这场宪法辩论中是如此。①

那就是 18 世纪末的情况。几乎所有的美国政治人物和政治思想家都希望把联邦政府建立在人民的同意之上,他们还希望将挑选政府组成人员的大部分权力放在人民的手里。但与此同时,他们希望政府的权力是受

---

① 参见 Willi Paul Adams, *The First American Constitution*: *Republican Ideology and the Making of the State Constitutions in the Revolutionary Era*, 2nd ed., trans. Rita and Robert Kimber (Lanham, MD: Rowman & Littlefield, 2001), pp. 23 –24, 142 –145 and 252.

到限制的,以便没有任何人,甚至人民自己,可以侵犯人民的自由。与欧洲不同,在美国,"'人民'就是那里所有的人"。①然而,人民并没有被颂扬或被奉为至高无上。大多数美国人还是想当然地认为是由人民来选出他们的政府,而他们的政府只有在经人民选出后才可以开始管治。政府部门间会有大致的分工。以世界标准来看,大多数美国人能够接受这些思想,本身已是一场知识革命。

然而,正如我们现在能看到的,这场革命无论多么不同凡响,却远未结束。在紧接着宪法通过后的那几年里,出现了一种现象,把它描述为"人民地位的提高"也许最恰当不过。这样的思想迅速在整个美国传播开:普罗大众,无论是个人或是集体,都是智慧的源泉,他们的观点必须悉心倾听,而他们的许多(如果不是全部)意

---

① 这是一位叫 Joel Barlow 的激进民主派所说的,引自 Wood, *The Radicalism of the American Revolution*, p. 343.

见都应当有决定意义。人民现在被描绘成不仅仅是社会的人民，而且还是一轮光辉灿烂的太阳，就坐落在——或者以为就坐落在——一个体系完整的政治宇宙的最中心。早在1809年，一位名叫艾力亚斯·史密斯的浸会牧师就热情洋溢地描述过美国的这种新精神：

> 这里成立的政府是一种民主。理解这个词对我们有好处，因为它饱受我们可爱的祖国的国际敌人所嘲笑。民主这个词由两个希腊词组成，一个是指"人民"，另一个是指"政府"，那是人民的政府……我的朋友们，我们永远都不要为民主而感到羞耻！①

那种语言，以及其中所蕴含的思想，都是闻所未闻

---

① 引自 Wood, *The Radicalism of the American Revolution*, pp. 231–232.

的。而用那样的语气讲出来，甚至在美国也是前所未有的。

人民的地位得以提高是自然而然的发展，但也不同寻常。在独立战争后，再也没有君主高高在上，而到安德鲁·杰克逊当选总统的时候，美国的传统精英都已跑去加拿大，或者跑回英国，或者以其他方式销声匿迹。除上帝外，再没有什么人可以仰望。一位当年的退休参议员曾说过，在像英国这样的国家里，会有三个等级：君主、贵族和平民，"但在美国这里则只有一个等级——人民"。①这样的人民当然知道，在美国和任何地方一样，总有一些有钱人或社会地位比较高的人，但他们并不认为这些人因此就有什么特别的美德。相反，有钱人如果不继续拼命工作挣钱，就一定会受到鄙视。美国人大概都会认为，没有人是特别没有私心的，每个人都有他要

① 引自 Keyssar, *Right to Vote*, p. 43.

追逐的利益,而且都会为了自己的利益全力以赴。越是地位优越的人,就越有可能滥用他的优越地位。"事实是",一位费城人在给他的意大利朋友的信中写道,"那些高级人才更容易不被信任,因为人世间的经验告诉我们不要去相信天才。"①

一如既往,那位来自法国的游客托克维尔机敏地觉察到时下的变化:

> 人越是趋于平等,就越是不会盲目地相信任何人或任何阶级。但他们会更容易相信大众,公众意见因此也就越来越受到追捧……平等社会的人,彼此不相上下,所以对别人也就没有信心。但这种彼此的相似性会让他们对

① 这位费城人是被喻为美国建筑之父的 Benjamin Latrobe, 引自 Wood, *The Radicalism of the American Revolution*, p. 295.

公众的判断有着无比的信任。因为他们认为，既然大家的认识都差不多，那么真理就没有理由不在多数人那里能找到。①

美国人需要将他们的信任另有所托。由于他们并没有找到任何可以寄托的地方，于是他们就将其随处寄托：置于人民的集体判断之中。人民和公众意见成为某种意义上的精英代理人。人们不会顺从他们的上级，但会顺从他们的同伴。

人民地位的这种提高，对人民集体智慧的这种信任，进一步成为国家的一个信条——是成千上万美国人（包括那些政治人物）内化于心的一种规范。随着时间的推移，当政治领袖们越来越多地赞美美国人民的智慧的时候，他们不仅仅是要讨好潜在的选民，而是真心地相信美国人民坚定、理性并有着良好的判断能力，相信

———————

① Tocqueville, *Democracy in America*, p. 435.

他们身上有着某种神圣的东西。民主对于大多数欧洲人(甚至包括那些支持民主的欧洲人)而言,只不过是一个小小的政治工具,但对于大多数美国人而言,民主迅速成为而且如今仍是一个几近于宗教信仰的头等大事。温斯顿·丘吉尔曾说过:"民主是最差的一种政府形式,除了已经被不断尝试过的其他各种形式之外。"[1]但至少自从安德鲁·杰克逊时代以来,没有美国人敢这么说,或甚至允许自己这么想。在美国说这样的话,可能会被认为是异端邪说,并会受惩罚。对大多数美国人而言,民主——人民当家作主——到 19 世纪中叶的时候,已然接近成为一种"宗教式的激情"。[2]

---

① 引自 Antony Jay, ed. , *The Oxford Dictionary of Political Quotations* (Oxford: Oxford University Press, 1996), p. 93.

② 参见 Samuel P. Huntington, *American Politics: The Promise of Disharmony* (Cambridge, MA: Harvard University Press, 1981), Chapter 5.

美国政治由来已久的滔滔雄辩证明了这种激情。这在其他民主国家是不可能复制的(除了拉丁美洲个别地方之外,因为这里受到北美政治风格的影响)。林肯在葛底斯堡的演说中最后那句名言"那个为民所有、为民所治、为民所享的政府,也绝不会从这片土地上消亡"只不过是最著名的一个例子而已。安德鲁·杰克逊承认人民因为脆弱而偶尔会犯错,"但是",他补充说道,"在像美国人如此开化又如此爱国的社会里,辩论很快就会让他们意识到他们的错误。"①在另一个场合,他还特别强调说,"在任何时候都不要以为任何州的大多数民众会故意地去干错事。"②杰克逊的对手辉格党人开始时很蔑视他的这种民粹论调,但到杰克逊任期届满

---

① 引自 Marvin Meyers, *The Jacksonian Persuasion*: *Politics and Belief* (Standford, CA: Stanford University Press, 1957), p. 14.

② 引自 Meyers, *Jacksonian Persuasion*, p. 14.

时,他们也"成为平民百姓的热情歌颂者"。①

再后来,所有党派的领袖都表示顺从——在绝大多数情况下,是无条件地顺从——美国人民的智慧和他们决定国家命运的权利。威廉·詹宁斯·布莱恩只是最直率的一位:

> 我坚信美国人民……有足够智慧和爱国热忱去判断任何已经或将会出现的问题,而不管我们的政府会延续多长。重大的政治问题在他们看来就是重大的道德问题,而要让一个人能判断是非对错,并不需要他有长期与金钱打交道的经验。②

---

① James Morone, *The Democratic Wish: Popular Participation and the Limits of American Government*, revised ed. (New York, CT: Yale University Press, 1998), p. 86.

② 引自 Richard Hofstadter, *The American Political Tradition and the Men Who Made It* (New York: Vintage Books, 1973), p. 247.

然而,甚至像威廉·麦金莱这样一位更注重商业的总统也清楚地表明,在他看来,人民是——而且应当是——最终的裁判。在他的第一次就职演说中,他呼吁国会重新开会,以便可以把国家的财政建立在牢固的基础之上。他否认国会提前开会会"有损商界的普遍利益":

> 国会议员是人民的代理人,他们以政府之名行使主权不应当被认为是一种伤害,而是一个好处。没有比现在是更好的时机,以把政府置于更坚实的财政和经济基础之上。人民刚刚投过票,决定这是要做的事。对代理人意志最有力的约束,莫过于立即行动的义务。①

----

① *Inaugural Addresses of Presidents of the United States: Grover Cleveland（1885）to George W. Bush（2005）*（Bedford, MA: Applewood Books, 2006）, p. 33.

麦金莱的继任人西奥多·罗斯福,在他后来更进步的施政阶段,坚称美国人民有权管治自己:"我相信大多数的美国普罗大众在日复一日管理自己的过程中可能犯的错误,要比任何一个无论受过多好训练的小阶级或小团体试图去管治他们可能犯的错误要少得多。"[1]伍德罗·威尔逊总统本来是一个宪法保守主义者,而且一直钟情于英国那种等级更分明的政治体制,但最后也转变立场,认为美国人民——可能是唯一的人民——是可以依赖的。在 1912 年竞选总统的时候,他坚持认为"政治管治的机器必须交到人民手中……以便找回似乎已经失去的东西——他们管理自己事务的自由和恒常的

---

① Theodore Roosevelt, *Social Justice and Popular Rule*: *Essays*, *Addresses*, *and Public Statements Relating to the Progressive Movement*（*1910 - 1916*）（New York：Charles Scribner's Sons, 1926）.

选择权"。①他宣称,民主党的目标就是"要实现一个人类历史上从来没有实现过的理想,就是在世界上成立一种政府,能让普通人、穷人与任何其他人一样,可以在管理共同事务中拥有同等的话语权"。②

重复一下:在日复一日、年复一年、代复一代的政治生活中大讲特讲人民权力和民主并不是美国所特有。在其他国家也会偶有所闻,但也仅仅是偶有所闻而已。可以认为,也曾经有人认为,这种对人民的智慧、伟大以及最高统治权的信念,是最重要的一个信念,可以将一个纷繁复杂且裂痕累累的民族团结起来。在美国,政治人物会为如何落实一套共同的民主理想而争吵不休,但也许这就已经"帮助美国人回避了其他国家那些单一的

---

① 引自 Hofstadter, *The American Political Tradition*, p. 328.

② 引自 Richard Hofstadter, *The Age of Reform*: *From Bryan to F. D. R.*（New York: Vintage Books, 1955), p. 262.

革命思想,比如法西斯主义、纳粹主义等,给人们的肉体和心灵所造成的伤害"。①

尽管如此,人民而且只有人民才有权统治的思想一旦生根,它就会生发出自身的活力,这种活力也是在其他民主国家难以完全复制的。为了让人民可以有效行使权力,就必须给他们配置一整套的机构。投票显然就是这样的机构之一,而扩大选举权——甚至扩大到妇女、无产者和黑人——的要求最终证明是不可阻挡的。但在越来越多的美国人看来,只是每隔一段时间就来一次投票选举总统、州长和议员是不够的。人民需要有办法控制他们所选出的人的行为,而且在某些重要事情上他们需要完全由他们自己作主。同时,民主的机构

---

① Michael Kazin, *The Populist Persuasion*: *An American History*, 2nd ed. (Ithaca, New York: Cornell University Press, 1998), p. 2.

也需要辅以一种同样民主的政治文化。民主在美国不应当只是一根柱子，而应该是一棵树，枝繁叶茂，根深蒂固。

代表和代表机构只是取代把所有人都集中到一个地方的一个退而求其次的便利办法，这个认识早已为人们所接受。宾夕法尼亚州的威廉·佩恩声称发现了一个早已被人遗忘的记录，记载的是 8 世纪时全体英国人被国王叫来召开的一次会议，那时候国王的这种传召是家常便饭。记录里写有："凡王国之自由人；皆愿往者……然……因自由人数日增，乃需一代表也。"[1]事实上，在殖民地时期的美国（不仅仅是新英格兰），诸多事务就是通过全体居民会议来处理的，各村各镇莫不如

---

① 引自 Edmund S. Morgen, *Inventing the People*: *The Rise of Popular Sovereignty in England and America* (New York: W. W. Norton, 1988), pp. 209 –210.

163

此,想参加会议的都可以参加。在 1787 年制宪会议上,威廉·帕特森提出,真正的代表原则就是"一个便利办法,让由人民选出的那些人来开会,从而不必麻烦人民亲自来开会"。①他的观点没有一个人反对。在新宪法通过后的第一届国会上,来自弗吉尼亚州的约翰·佩奇还坚持认为,"倘若与居民的安宁无妨,每个自由人都应该有权来开会投票"。②

但是,在早期美国,让每一个自由人都来开会投票,那是根本不可能的,除非是在那些小村镇。名副其实的镇会议政府只在新英格兰的一些地方能坚持下来。因此,人民若要当政,就至少要能对他们选出的人发号施令。在这方面,也没有独立战争前的先例可循。"在1689 年前,波士顿镇至少给它在马萨诸塞州议会的代

---

① *Notes*, p. 259.

② 引自 Morgen, *Inventing the People*, pp. 210–211.

表发出了十八道指令。"①像这样的指令,往往都非常宽泛笼统,鲜有得到真正的落实。很多时候甚至只是指令代表们去做他们无论如何都会做的事情。但是,这些指令就是人民意志至上这种思想的早期具体体现。独立战争后,最早十一个州中的三个州(马萨诸塞、宾夕法尼亚和北卡罗来纳)的宪法都明确授予市民给他们选出的代表发指令的权利。1789年,有国会议员提议,在宪法第一修正案中写入选民"给他们的代表发出指令的权利",但没有被采纳。②几十年后,洞察入微的托克维尔写道:

> 一个习惯正在美国广泛传播,最后它可能会让代议政府的承诺变为空谈。这样的情况经常发生,即选民在提名一位代表后,他们就

① Morgen, *Inventing the People*, p. 212.

② Adams, *First American Constitutions*, pp. 246–247.

会给他列明行动的计划,并赋予他许多不可躲避的硬性义务。就好像是……议会的多数需要在喧嚣的市场上进行思考一样。①

同时,尽管没有人能确定,但美国的民选代表似乎很快就对他们的代表角色在心里形成了一种不同于其宗主国、其他英语国家和欧洲大陆国家的概念。最明显的是在英国,国会议员都以——或者口头上说都以——独立于他们的选民而骄傲。他们相信——或者口头上说相信——一旦当选,他们的角色是以他们所认为最符合国家利益的方式进行管治和立法,而很多时候并不必在意他们的选民的意见如何。埃德蒙·伯克对布里斯托的选民说了一句经常被引用的名言,他说:"你的代表不但要为你勤奋工作,而且还要为你作出判断;如果他为了顺从你的意见而不这么做,他就不是为你服务,而

---

① Tocqueville, *Democracy in America*, p. 247.

是背叛了你。"①相反,似乎很早以来,大部分的美国民选代表虽然都明白自己对所在州、对整个美国都有更广泛的义务,但还是认为他们对他们的选民,或者更确切地说,对他们的选民的表态、意见和倾向负有一种特别的义务。换言之,他们大多数并不把自己当作是他们的选民利益的信托人,而是更愿意把自己当作是选民的代理人或代表,被选出来为他们的选民说话和投票,就如同选民若能亲自出席所要说和所要投的那样。②历史学者埃德蒙·S.摩根注意到,甚至在殖民时期"美国议会的代表似乎都不如英国的议员那样在乎他们为人民发

---

① Edmund Burke, *Selected Writings and Speeches*, ed. Peter J. Stanlis (New York: Anckor Books, 1963), p. 187.

② 民选代表作为"信托人"和作为"代表"两者之间的区别,参见 John C. Wahlke et al. , *The Legislative System: Explorations in Legislative Behavior* (New York: John Wiley, 1962), esp. Chapter 12.

声的专有权利",而且在独立战争后,新的州政府"是由那些代表——就是美国那种把自己当作选民代理人的代表——来主持的"。①

但任何有自尊的美国公民都不会相信他的指令只要发出就会得到遵守,或者说他的代表们如果是根据他们自己的意见而不是他的意见来发言和投票的话,他们就会在道德上感到压力。因此,这位公民需要的保障是,如果他的代表不是作为他的代理人来行事,他可以很快就把他们给罢免了。他需要这个制裁手段。确保这个制裁手段有效的办法之一,就是把代表的任期规定得非常短,因此在很短的时间内就需要竞选连任。那样的话,代表们就不敢忽视(至少不敢完全忽视)他们的选民的意见。在二十五个新成立的州的宪法中,除两个以外都规定州议会下议院每年举行一次选举。不少拥

① Morgen, *Inventing the People*, pp. 229, 245.

168

有上议院的州,也规定上议院也要每年一选。①正如奥利弗·埃尔斯沃思在制宪大会上之所言,人民"喜欢经常搞选举"。②制宪大会的代表们相信,如果把联邦众议院的任期规定为超过两年,宪法就有可能通不过了。他们也许是对的。

频繁的选举是更有可能让代表们尊重其选民意愿的一个办法。另一个可能的办法,是让足够多的选民可以不用等到下一轮选举,就可以"召回"违规的官员。对被如此召回的人,要么直接把他们罢免,要么让他们去竞选连任。最初那些州的宪法都没有规定可以召回行政和立法官员,但"马萨诸塞州的几个镇……倾向采用这种召回方法,其中一个镇还希望在州的人权法案中

---

① Donald S. Lutz, *Popular Consent and Popular Control: Whig Political Theory in the Early State Constitutions* (Baton Rouge: Louisiana State University Press, 1980), pp. 112−113.

② Ibid., p. 43.

规定,公职人员可以在任何时候被召回"。①但是,在1787年制宪大会上,没有人建议这种办法,当其时,甚至那些人民权力的最热烈鼓吹者都已满足于较短(以世界标准来衡量)的行政和立法任期。(在美国举行制宪大会的同期,英国国会议员的任期为七年,直到一个多世纪后才减为五年,直到现在。②)

对民主主义者而言,短的任期,频繁的选举,以及选民对代表更强大的影响力,会有另一个好处:短任期和频繁选举,则职位的轮转就会更快,当选者只能干几年,甚至不超过一年或两年。职位轮转的效果,也可以通过设定任届限制来达至——限定同一个人在

---

① Adams, *First American Constitutions*, p. 242.

② 1911年,英国上议院对下议院所通过的法律的绝对否决权被剥夺,同时规定,国会选举至少每五年举行一次。从此,五年一直是最长任期,但自从1911年以来,英国的选举大多不到五年就举行。

同一个职位上可以连任的次数。民主主义者相信,权力容易让掌权者腐败。他们也相信,职位的快速轮转可以阻止(如果说不是完全能杜绝)寡头政治的形成。民主主义者希望在人民和他们选出来担任公职的人之间保持最紧密的联系,所以他们坚持这些被选出来担任公职的人必须经常"回到人民中来"——或者这样说,回归其平民身份。总之,绝大多数人都有能力担任公职、而且所有人都有平等和无数的机会轮流担任公职,这种想法在早期美国就已出现,后来更是迅速地传播开来。1787年前的《邦联条例》限制州代表的任期,早期许多州的宪法也对由选举产生的官员规定某种任期限制。比如在马里兰州,开始时州长的任期只有一年,但他可以再连任两次——也就是说他可以连续在任三年,但之后第四年他就不能再参选。在特拉华州,州参议员的任期是三年,但之后必须隔三年才能再参选。宾夕法尼亚是唯一一个限制州下议院议员任期的州。①当年在费城，建国之父们虽然对职位快速轮转这种想法兴趣不大，但也清楚知道对议员任期作出限制是一个可行的选项，可是他们一点儿也没有表现出要施加这种限制的意思。

代表无论是如何选出，也不管任期多长，如果其主要职能是作为选民的代理人，那么，他们应当在形象上、职业上和社会立场上最大程度地代表他们的选民。对此，还有很多可以说。一个代表机构应当反映它所代表的全体人民。美国人越来越相信，"既然社会利益多元对立，既然每个人都有自身利益，那么，一个人在政府里被公平和准确地代表的唯一办法，就是找到一个与他有着同样利益的人来为他代言；其他任何人都不可以委此信托。"②

---

① 参见 Adams, *First American Constitutions*, pp. 328–331.

② Wood, *The Radicalism of the American Revolution*, p. 259.

172

正如我们已经看到的,反联邦党人所持的正是这种观点,他们强烈要求联邦众议院的规模比费城制宪大会所建议的要大许多,就是因为他们坚持认为"公平代表……必须规定得当,从而使得不同社会地位的人,都可以通过选举而在其中拥有一份"。①反联邦党人的要求没能实现,也没有人提出要对民选机构的议席进行人口或其他名额上的限制,但美国各级政府的新人招聘,很快就比独立战争前来得更加开放、更加公平。

刚才所说的各级政府包括联邦政府。在安德鲁·杰克逊担任总统期间,他尽管没有像他的崇拜者和批评者所要求的那样对联邦政府的人事问题进行大刀阔斧的改革,但他确实大力宣扬这种思想,即职位(包括任命职位)的轮转是"共和主义的一个首要原则"。②在他的第

---

① 这是那位自称"联邦农民"的话,引自 Allen and Lloyd, eds. *The Antifederalist*, p. 149.

② 引自 Hofstadter, *American Political Tradition*, p. 66.

一份年度国会咨文中,他大胆地提出:

> 所有公职的职责都必须(或至少可以)列得简单明了,以便有识之士可知其能善其任。我由衷坚信,长任一职比诸不同经验,得不偿失……在公职只为人民利益而创立的国度,没有人可以比别人更有权利去长期占领某个职位。①

杰克逊并没有说,在他看来,"所有公职的职责"是否也包括总统职位的职责。但在之后的几十年里,总统候选人几乎都声称自己出身贫寒,或青少年时期曾离经叛道。(其中只有少数人确实如此,林肯便是一例。)

民主,不管还有其他什么意义,总是意味着选举,但也没有明说只有议会的议员才由选举产生。为什么人

---

① 引自 Hofstadter, *American Political Tradition*, p. 66.

民选择的权利要被如此限制？为什么人民不能选举所有的公职人员？在费城制宪大会上，建国之父们花了大量时间去讨论国会议员的选举问题、总统和副总统的选举问题，但他们从来不讨论——甚至没想过要讨论——（比如说）财政部部长或国务卿是否须由选举产生。他们肯定更没想过由人民来选举司法人员的可能性。但在这个问题上，19 世纪的意见同样变化巨大。托克维尔认为，律师作为法官可以对美国民主起到较好的平衡作用，他对美国许多地区法官权威不断受到贬损而深感不安，他还很诧异地发现，"根据一些州的宪法，法官是选举产生的，而且还要不断面对再选"。①倘若托克维尔再活长一些，他必定会更为不安和诧异。法官由选举产生，就意味着法官和其他民选公职人员一样，会被看成（他们也应当把自己看成）只不过是人民的代理人。

---

① 引自 Tocqueville, *Democracy in America*, p. 269.

选举对于美国人心目中的民主是至关重要的,但越来越多的人认为只有选举是远远不够的。人民的权力若要能管事,还需要有更多的其他安排。举其一,人民要可以启动立法,制定他们想要的法律;人民还要可以否决他们认为错误制定的法律。换言之,人民需要有具体措施可以让他们越过或推翻他们代表的决定,尽管这些代表是人民自己自愿选出来的。特别是在19和20世纪之交的所谓"进步时代",要求引入人民创制权和全民公决的呼声日益高涨。

"进步时代"为人民创制权和全民公决所采取的各种举措,许多都是为了回应人民对大公司、垄断企业、卡特尔和托拉斯集团的日益不满,它们被指不仅操控着那时的美国经济,而且还操控着美国的政治和政府。堪萨斯州的一份报纸在1895年的一篇文章中以生动的语言支持民粹主义:

我们建议引入人民创制权和全民公决,是

要作为一种手段,以便从一小撮强盗、赌棍和公司律师手里把他们现在为了掠夺而随意决定公共政策和公共事物的权力夺回来,并交回到它本来属于的人民的手中。①

虽然主因是经济问题,但引入人民创制权和全民公决的要求完全与当时的民主观点一致:

制衡议会是个经常性的问题,其解决方案似乎……也简单:剥夺议会为照顾特别利益而制定法律的权力,并把这个权力交回人民。人民绝对不会与自己的利益作对,这个真理正是19世纪和20世纪之交那些改革者信念的基

---

① 引自 Thomas Goebel, *A Government by the People*: *Direct Democracy in America*, *1890 – 1940*（Chapel Hill: University of North Carolina Press, 2002）, p. 34.

石。人民作为一个政治实体不会腐败,是正义
和诚信的力量,值得信赖。①

　　人民的地位就是这样被提升起来了。

　　或者可以说——实际也有人这么说过,民主之树尚
未长高。人民可以在定期选举中投票给已为他们选定
了的一个或几个候选人,但他们不能选定候选人,他们
只能从政党经过各种提名大会选定的候选人当中作出
选择。就如同垄断集团和托拉斯控制经济命脉那样,政
党机器控制着候选人的提名,从而实际上控制了整个民
主程序。社会上越来越多的呼声要求引入"直接初
选"——就是选定候选人的选举,让普通选民,而不仅仅
是政党的大佬们,来决定谁出来参选。直接初选的最积
极倡导者艾伯特·贝弗里奇是一位共和党参议员,进步
行动的支持者,他在 1906 年的选举中说:

――――――――――

　　①　Goebel, *A Government by the People*, p. 26.

人民有权愿意选谁担任哪个职位就选谁。但实际上人民并不能愿意选谁就选谁，因为他们必须投票给提名大会选定的候选人，而不是人民自己选定的候选人。有时候，这些由提名大会选定的候选人，实际上是由一两个操控提名大会的人所划定。看看宾夕法尼亚州的奎，或者是纽约的布拉特，或者其他地方的大佬是怎么做的吧。要让人民真正作主，不是表面上作主，而是真正作主。①

人民应当"真正作主"，那正是 19 世纪以来美国政治思想中的最强音。甚至可以说，那从来就是最强音。

还有一点要提一提。若要人民能真正作主，他们只要能做到这一点就行：凡是他们集体认为符合国家利益

---

① 引自 Bowers, *Beveridge and the Progressive Era*, p. 243.

的,任何决定他们都可以作;或者更直白些,凡他们之所喜、所愿,任何决定他们都可以作。如此,则表面看来,人民的主权意志无法制衡。托克维尔在《论美国的民主》中不止一次地回到这个主题:

> 在美国,人民是主人,必须受到万般宠爱。
>
> 大多数意志的绝对主权乃民主政府的要义,因为在民主制度里,没有什么东西是大多数所不能抗拒的。
>
> 美国人相信,在每个州,最高权力都应当来自人民,但一旦这个权力形成后,他们就不可以再加以任何限制。他们由衷地承认,这个最高权力有权去做任何事情。
>
> 在美国,大多数时候有着无比巨大的实际力量和同样无比巨大的意见力量。一旦它意已决,就没有任何东西可以阻挡、更不用说阻止它前进的步伐,它一路碾压过来,下面的那

些痛苦呻吟,它也无暇顾及。这种状况的后果根本无法预测,对未来也非常危险。①

如果这就是一位外国游客对美国民主思想和民主行为的物理力量的认识,那就更容易想象建国之父们当年是怎么想的——以及他们当中活到 19 世纪的人到底是怎么想的。他们大多数会目瞪口呆,正如许多保守的美国人在之后一百多年里所体验的一般。乔治·华盛顿晚年时,对民主本来不多的信心最终全都没有了。在他看来,极端的政党体制破坏了人品在政治中的作用。他写道,政党甚至可以"找个扫把"来作为候选人,还称它为"真正的自由之子"或者"民主主义者"或者"任何能符合他们要求的称号",这个扫把仍然可以"拿下所

---

① Tocqueville, *Democracy in America*, pp. 64, 246, 669 and 248.

有的票!"①约翰·杰——他如果不是病倒了,也许会为《联邦党人文集》写更多文章——忿忿地说"群众既不智也不善"。②在制宪大会上就反对民主的古弗尼尔·莫里斯半个世纪后立场不改。他直斥那所谓的"民主"是"野蛮和不开化的":"你们只会把智慧和美德堕落为愚蠢和罪恶!你们就知道心生嫉妒和自怨自艾!你们还要检控好人好事!"③

这些反民主情绪并没有随着建国之父们的老去而消失。安德鲁·杰克逊的总统就职典礼就让最高法院大法官约瑟夫·斯托里感到颇为压抑。他深知必须去参加杰克逊的宣誓就职仪式和随后的酒会,但心里却满

———————

① 引自 Wood, *The Radicalism of the American Revolution*, p. 366.

② Ibid. , p. 261.

③ Ibid. , p. 230.

是绝望："暴徒统治看来真的上位了。"①直到 1912 年，来自加利福尼亚的前美国参议员托马斯·巴德还狠批人民创制权和全民公决，认为那只会授权"那些无知、不负责任、不会思考、偏见和邪恶的阶级"去制定只为满足他们私利的法律。②另一位前参议员——来自纽约州、曾在罗斯福总统时期任国务卿的罗脱——同样地断然决然。"邪恶的力量，"他说，"从来就难以控制。"在他看来，没有制衡的愚昧民主是主要的罪恶源泉之一。"无知的民主，"他写道，"会直接导致战争。"③哥伦比亚大学校长尼古拉斯·巴特勒害怕，群众"以他们显而易见的精神和道德上的特点"，很容易就会上煽动者的当，

----

① 引自 Sean Wilentz, *The Rise of American Democracy*：*Jefferson to Lincoln* (New York：W. W. Norton, 2005)，p. 312.

② 引自 Goebel, *Government by the People*, p. 57.

③ 引自 George E. Mowry, *The Era of Theodore Roosevelt*, *1900–1912* (New York：Harper & Row, 1958)，pp. 41–42.

为他们"饥寒交迫的呐喊"所误导，其后果必定是动荡和混乱。①

　　然而，尤其能说明问题的是，上面的这些引述（以及还有许多没有引述的类似观点）几乎都是来自私人通信，或者是退休政治人物或一些从未涉足政治的人士的演讲和公开言论。大概从1820年代以来，在美国出来竞选公职的人做梦都不会说这样的话，其实他们也不敢说。民主已成为一种图腾，而对民主表示怀疑则是一种禁忌。正如小亚瑟·史列辛格在他的经典著作《杰克逊时代》所言，到了杰克逊离任的时代，严肃的政治人物再也不会主张财富、土地或任何形式的既有地位可在政治秩序中拥有特殊地位："没有政治人物会表露出这种想法，大众也绝对不会接受这些想法。这种想法不但死了，其尸首也碰不得，否则也是

─────────────

① 引自 Mowry, *Era of Theodore Roosevelt*, p. 42.

会致命的。"①

在 19 世纪的美国,人民地位的提高和民主的进步,不仅仅是空洞的口号和华美的词藻,而是有着深刻的意义。正如我们将在下一章所看到的,自从建国之父们那个时代以来,美国宪制秩序所发生的所有重大变革,都把美国(或者说都意在把美国)带向一个更民主——远比建国之父们所希冀的更为民主——的方向。

---

① Arthur M. Schlesinger Jr. , *The Age of Jackson* (Boston: Little, Brown, 1945), p. 268.

5

人民更上一层楼

正如第三章所提到,建国之父们1787年夏天在费城所缔造的那部宪法,给美国人民在权力大厦里分配了一个大房间,但人民所得到的也就是仅此一间,而且还是在楼下。人民将决定谁来入住这个房间,但他们不能决定——至少不能直接决定——谁来入住这个新的权力大厦里的其他许多房间:参议院、总统府和最高法院。人民获得了一席之地,但他们也只能待在这里。美国宪法在后来两个世纪的发展史,实际上就是人民怎么上楼来,并决定谁能入住这个权力大厦的许多其他(如果不是全部)房间的历史。同时,那也是美国联邦宪法和大多数州宪法开始分道扬镳的历史。新宪法承诺给各州"一个共和政府",但只字不提这个共和政府的具体形式该当如何。

然而,联邦和州两个层面的宪法发展在一个重要方面并没有分道扬镳——因为不可能分得了。当时,费城宪法的起草者由于无法就众议院选举的投票资格达成共识,而且又不愿意多花时间去讨论,所以只是草草了事,把问题留给各州来处理。《美国宪法》第一条第二款规定,众议院选举的"各州选民必须是该州议会人数最多的那个院的合资格选民"。这就意味着,众议院合资格选民的规模和构成各州不同,但在任何一州,有资格选举州议会人数最多那个院的选民与有资格选举众议院的选民则完全相同。因此,任何一州扩大其选举权,实际上也就是扩大了联邦的选举权。同理,任何一州限制其选举权,实际上也就是限制了联邦的选举权。

费城制宪大会的大多数代表显然都以为各州都会基本保留其已有的选举规定,这就意味着联邦选举的投票权实际上仅限于有产者,尽管有些州对拥有财产的要求会低一些。尽管不是所有代表都同意(麦迪逊罕有地给两边都说话),但当特拉华州的约翰·狄金森声称"要把选举权赋予自由财产拥有者"时,他实际是讲出了大多数代表的想法。他说:"他们是自由的最好守护者,把选举权限于他们范围之内,是防止无财产和无原则的群众闹事生乱的必要措施,因为在我国,就像在其他地方一样,这种危险无时不在。"① 马里兰州的约翰·默瑟也赞成限制选举权的范围,但说得更为直白:"一般群众不可能了解那些候选人,也不可能对他们的品德作出判断。他们会作出最糟糕的选择。"②

但事情的发展并非如此,选举权也没有被限制在那

---

① James Madison, *Notes of Debates in the Federal Convention of 1787*, Bicentennial Edition (New York: W. W. Norton, 1987), p. 402 (hereafter *Notes*).

② *Notes*, p. 405.

个范围之内。某种程度上，大范围扩大选举权的压力社会上本来已有。随着美国经济的发展和日益多元化，只有很少财产或者根本没有财产、只交很少税或者根本不交税的白人男性越来越多，而这些白人男性锲而不舍地坚持要求给予他们选民资格。尤其是，曾在联邦或州军队服役的男性都应该获得选举权，这是最起码的正义，否则，他们就不愿意去服兵役：谁愿意去为一个自己没份儿选举的政府吃苦卖命？在南部一些州，政治领袖们（甚至包括最顽固的保守派）都同意给予所有白人男性选举权，目的就是为了打造一支强大的纯白人部队，以镇压任何可能发生的奴隶暴乱。在一些新加入联邦的州，制定自由选举法律则是从全美各地吸引移民的一个手段。还有一种常见的情况是，在一州执政的政党将选举权扩大，仅仅是为了赢得下一次选举。

但是，在所有这些实际考量的背后，是美国人民拥抱民主理念和理想的越来越坚定的决心。之前，大家的问题还是为什么只有部分人有选举权。现在,至少自1820年代以来,大家的问题则是为什么同样的人却有人没有选举权。"意识形态之谱已经改变",中心点在向民主方向移动,这个事实"在各种辩论的内容和语调、措辞上都得以体现"。①一位出席马萨诸塞州制宪大会的代表先是向联邦宪法的起草者致敬,然后说不幸的是他们"还保有过去的偏见",现在是"去掉"这些偏见的时候了。②一位年轻的纽约律师在出席他们州的制宪大会时说社会条件已经改变:"制宪者的智慧毋庸置疑",他们对选举权资格加以财产上的限制,只能理解成是为了应对"他们那时的社会情况,但毕竟已时过境迁,今非

① 引自 Alexander Keyssar, *The Right to Vote*: *The Contested History of Democracy in the United States* (New York: Basic Books, 2000), p. 43.

② 引自 Keyssar, *The Right to Vote*, p. 43.

昔比"。①那些呼吁扩大选举权的人并不是要给全人类一个完全不受限制且合乎自然或道德的选举权——只有极少数人如此激进——但大多数人确实主张应给予绝大多数或全部成年男性选举权,这样就可以确保获得他们对现行宪法制度的支持。他们同时认为,把选举权限于有产者或纳税者怎么说都是既专横又不公正的,完全没有意义。一位新泽西专栏作者曾说过,认为"有 50 镑的财产在手"就可以让一个人成为"人上人",或者因此就"比他只有 10 镑钱的邻居更聪明"或"更诚实",那是彻头彻尾的偏见,完全没有道理可言。②早在独立战争之前就已确立的一个观点是,除非有压倒性的相反理据,否则所有白人成年男性都应当依法获得选举权。

这种思想在经过几十年发展后成果非凡,让美国变

---

① 引自 Keyssar, *The Right to Vote*, p. 43.

② Ibid.

得出类拔萃,成为拥有自由政府的国家。①财产资格要求逐步被取消,先是特拉华州于 1792 年将其废除,最后是北卡罗来纳州于 1850 年代中将其彻底废除。尤为显著的是,1790 年后加入合众国的州没有一个在其州宪法里把财产要求作为选举资格的条件之一。选民必须是纳税者这个要求同样也退出了历史舞台,虽然有个过程,但结局不可逆转。到南北战争的时候,几乎已没有任何州还坚持要求选民必须是纳税者。马萨诸塞和宾夕法尼亚是最后两个废除这项要求的州,前者以其贵族的历史来看毫不意外,而后者以其更为民主的过去来看就相当意外了。到了 1860 年,如果你是美国的成年男

---

① 在 19 世纪中叶曾试图给予全部成年男性选举权的一个主要国家是法国。法国于 1848 年实行全部成年男性普遍选举权,但 1850 年废除,后来路易斯·拿破仑于 1852 年再度实行。但是,与美国国会相比,法国的国民议会实际只是一个没有权力的机构。

性,如果你正好是个白人,你基本肯定是拥有选举权的。如果没有,那是你不走运。在那个时候,世界上没有任何其他国家能说这样的话。

当然,和世界其他地方一样,如果你是位女性,或者是某个被普遍污名的外族异类,情况就完全不同了。"人民"在美国实际上是指成年男性白人。他们而且只有他们——远不够整个美国成年人口的一半——才是政治意义上的人民。民主,无论在理论上或者在实际上,都不适用于妇女和广大黑人。同时,尽管把妇女排除在政治生活之外在美国是司空见惯的事,但把成千上万的男男女女都排除在外,理由仅仅是因为他们的肤色或是因为他们直到南北战争结束前曾是奴隶,这就不同寻常了。在1850年印第安纳州制宪大会上,一位代表在该州引入"普选"的讨论中的发言也许可以代表大多数美国男性白人的想法,他非常清楚地表明他所理解的这个概念的含义:

如果是我们通常所理解的普选权，我并不反对……但如果这个动议的意图是要把选举权扩大到妇女和黑人，我就反对。"所有年满21岁的自由白人"——我理解这句话就是普选的衡量标准。①

确实，在内战之前的几十年里，大量的美国黑人甚至包括自由黑人被剥夺了选举权。在有些州，他们本来是有选举权的，只是成为联邦领土后才被剥夺，但在那些新成立的州，他们从来就没有获得过选举权。直至1855年，只有五个州允许自由黑人投票，条件和白人一样，而这些州所拥有的自由黑人只占全国的4%。②内战后，尽管第十五条宪法修正案已通过，并宣称"合众国公民的选举权，不得因种族、肤色或以前是奴隶而被合众

---

① 引自 Keyssar, *The Right to Vote*, p. 53.

② 参见 Keyssar, *The Right to Vote*, pp. 54–55.

国或任何一州加以拒绝或限制",但成千上万已获自由的美国黑人仍然没有获得选举权。如果不能以种族、肤色为由剥夺他们的选举权,总还可以找到别的理由和手段。进入 20 世纪的时候,在原邦联的所有州(那是绝大多数黑人所在的地区),都没有黑人在法律上或实际上拥有选举权。路易斯安那州最为典型。早在 1896 年,该州共有超过 13 万黑人登记投票。仅仅 8 年后,即 1904 年,这个数字就大幅度降到可怜兮兮的 1342 人——甚至这些人中的大多数也不敢去投票。[①]要再多等五六十年,由于大量黑人移民北方,再加上 1965 年选举权法案的通过,大多数美国黑人才不但在法律上拥有了选举权,而且实际上也可以去投票了。

19 世纪的大部分时间里,妇女(不管什么种族)在选举权方面的情况甚至比自由黑人还要糟糕。新泽西

①　参见 Keyssar, *The Right to Vote*, p. 114.

是唯一一个妇女曾获得选举权的州,但她们的这一权利还是于1807年被剥夺了。直到19世纪末和20世纪头二十年,随着妇女经济和社会地位的提高,民主的内在逻辑力量才战胜了男性选举权上的独占地位。妇女迟早应获得选举权的形势一旦明朗,那些男性政客立即见机行事、改变立场,从妇女选举权的反对者摇身一变成为支持者,以免开罪于成千上万的潜在选民。许多州不等宪法第十九条修正案的通过(1920年)——该修正案规定"合众国公民的选举权,不得因性别而被合众国或任何一州加以拒绝或限制"——就给予妇女完全的选举权,或允许她们在总统选举中投票。到19世纪末,已有6个州赋予妇女完全的选举权(依时间先后顺序分别为怀俄明、犹他、华盛顿、蒙大拿、科罗拉多以及爱达荷),尽管有些州在执行上有所拖延。[①] 1917年,纽约州在一

① 参见 Keyssar, *The Right to Vote*, Table A. p. 319.

次只能男性选民参与的全民公决中通过了州宪法修正案,给予妇女在所有选举中与男性同样的选举权。至此,美国由男性独占选举权的历史算是画上了句号。

正如亚历山大·克伊萨在他那部关于美国选举权历史的力作中所说的,"历史前进的道路总是曲折的,选举权的历史也不例外。"①就选举权而言,民主的潮流于19世纪前半叶来势汹涌,但下半叶则有所减退,然后在20世纪的头几十年里便再掀高潮。对人民选举权——以及他们实际投票能力——数不胜数的种种限制经常是取消后再加上然后再取消,翻来覆去。有些限制如今还在适用。然而,不可否认的事实是,至少自安德鲁·杰克逊时代以来,美国反对普选的势力一直是在劣势下抵抗,他们若想防止选举权的扩大——或加以某种限制,就需要比其他地方那些保守的政客进行更为艰苦的

---

① 引自 Keyssar, *The Right to Vote*, p. 53.

斗争。①那些试图阻止选举权扩大的人最后都要承认失败。19世纪末的一位著名记者——爱德华·古德金——就说，反对普选"纯粹是浪费时间"。他认为像他这样受过教育的男人所面临的挑战，是如何设法得到好的政府，而不是普选。②

在19世纪末及20世纪，几乎所有经济发达国家都

---

① 在英国，尽管选举权在19世纪被扩大到越来越多的男性，但男性选举权的普及直到1918年才实现，而妇女直至1928年才获得与男性同等的选举权。在法国，男性于1852年获得选举权(但各种民主选举在第二次世界大战期间都中止了)，而妇女则要等到1944年法国解放后才获得选举权。在德国，在魏玛共和时期，成年男女享有同样的选举权，然后自1949年联邦共和国成立后，两性再次享有同样的选举权。在意大利，自1918年以来，成年男性在民主选举中拥有选举权，但直到1954年妇女才获得此项权利。在瑞士，妇女直到1971年才有权在联邦选举中投票。

② 引自 Keyssar, *The Right to Vote*, p. 127.

扩大了选举权的范围。美国在这方面总是走在最前面，而且被纷纷效仿。然而，在其他方面，美国就很不一样了。在美国，与选举权扩大问题同时还进行着另外一系列问题的讨论。在欧洲和英联邦大部分国家，所提出的问题是"谁"应当获得选举权，但美国却同时还要讨论另一个完全不同的问题，就是有投票权的人可以通过选举获任哪些职位。换言之，选民是否不仅可以选举议员——联邦众议院或州议会的议员——而且还可以选举众多公职的任职人？美国人还在讨论的另一个特别问题是，有投票权的人可以来就什么进行投票。他们是否不仅可以选某个人（后来也包括女人）但同时也可以支持——或反对——某些政策、建议或主张？选民的权力范围不应当向那个方向扩大？或者打个比方说，民主选举的政治之网到底要捕多少鱼？这个网要撒多大？许多美国人认为要撒得非常大，远比当时已有的要大得多。

按此思路,第一个要讨论的问题就是美国总统这个职位。总统是否应由人民直接选举产生? 出席 1787 年制宪大会的绝大多数代表认为不必。相反,建国之父们接受了当时已在美国流传开的一个想法:就是一种双层式的选举程序,下一层选民选出上一层选民。他们那一代人大多数都认为,普通选民无论从知识上或经验上都无法从竞逐高级职位的候选人中作出明智的选择。但他们确实也相信大多数普通选民可以选出比他们更有知识和更有经验的人来,然后让这些人来作出全面及审慎的选择。在建国之父们看来,这是一个"精选"和"调解"的程序,目的就是要最大可能地选出"适合且优秀的人"。①托马斯·杰弗逊一直被视为彻底的民主主义者,他在 1776 年的一封信里对此进行了总结:

> 我一直认为,人民自己作出的选择一般都

---

① 这是乔治·梅森的话,见 *Notes*, pp. 308, 370.

不高明。他们的第一次选择通常是既粗糙又有杂质。但如果让人民选出的人来作第二次选择,他们就应当可以选出有智慧的人。①

新共和国"最高行政首长"的选举办法,就是按这个思路写入了 1787 年宪法。一部分人民是小写的选民(electors),由他们来选出另一部分人民即大写的选民(Electors),再由这些大写的选民组成选举人团,来选举产生杰弗逊所谓的"有智慧的人"担任总统。如果选举人团没有形成多数意见,选举就变为一个更繁杂的三层式程序,最后由众议院按州投票来作出决定。然而,正如我们在第三章所看到的,制宪者当时对选举人团成员是由州议会选出或是由人民直选无法形成共识,因为时

---

① 见 Philip B. Kurland and Ralph Lerner, eds., *The Founders' Constitution*, vol. I: *Major Themes* (Chicago: University of Chicago Press, 1987), p.56.

间原因且不少人也失去了耐性，所以他们干脆就不直接作出决定，而是把这个问题留给各州议会来处理。一些代表当然希望州议会选择由人民直选，而另一些代表则毫无疑问是希望由州议会来选出这些选举人。

事实上，两者并不冲突。也许大家都曾以为州议会要把总统选举人的选举掌控在自己手里，而开始时也确实有不少州议会是这样做的。比如，1800 年，有 11 个州的总统选举人是由州议会选出，只有 5 个州是由人民直选。但随后几十年，情况发生了根本变化。1828 年的总统选举人，除特拉华州和南加利福尼亚州外，所有州都是由人民直接选举产生。到了 1832 年，特拉华州也确定要采用直选的方式，所以就只剩下南加利福尼亚州了。（该州直到南北战争后才把权力让于人民。）发生如此重大改变的主要原因，是当时美国社会已形成的一个广泛共识以及由此而产生的巨大社会压力：人民有——也应当有——选择的权利。纽约州的情况可以用来说明这一点。1824 年，十七位纽约州参议员成功阻止了一项关于在该州实现总统选举人直选的动议。当时即有人破口大骂，说他们"毫无廉耻地公然违背公众意愿，胆敢以卵击石，去对抗人民受到侮辱后的雷霆震怒"。①由于害怕人民受辱后的愤怒，这十七位参议员中只有一个人那年还敢出来竞选连任。那人输了，民主再一次赢了。

在总统选举方面，这个受到建国之父们青睐的双层式选举办法被保留了下来。尽管现在各州选举人都是由人民直选产生，但选举人团至今仍然存在，至少还是作为一种形式。但是，在参议员选举方面，双层式选举办法却未能保留下来，民主后来在这里大获全胜。

关于总统和参议员采用某种双层式的选举安排，支持理据本来是完全不一样的，但约翰·杰伊把两者融会

---

① 引自 Lucius Wilmerding Jr. , *The Election College* (Boston：Beacon Press，1958），p.52.

贯通了。他在《联邦党人文集》中所写的文章并不多，在其中一篇他提到，正是由于费城制宪大会的明智建议，与外国谈判和签订条约的权力才得以保留在能确保国家安全的人的手上，然后说：

> 制宪大会……已规定总统由人民专门为此目的所组成的选举人特别机构来选出；而且会议还指定由州议会来任命参议员。在诸如此类的事情上，这个模式具有人民以全体之名进行选举的巨大优势；而以党派热情来进行的选举，则常常是利用毫无戒心和利欲熏心者的苟且、愚昧以及愿望和忧患，只通过一小部分选民的选票就决定了公职人选。①

---

① *Federalist* 64. 译注：此处参考了程逢如、在汉、舒逊合译的《联邦党人文集》第六十四篇的译文（汉译世界名著丛书，商务印书馆 1985 年版，第 327 页），但有实质性改动。

杰伊已经说得非常清楚和直白了。这两件事情唯一不同之处在于，在选举人团——"选举人特别机构"——成员的选举问题上，宪法给予各州议会的是全权委托，而在参议员的选举问题上，宪法则有非常明确的规定："合众国参议院由每州州议会选举的两名参议员组成。"简单明了。所以，如果人民要自己来选举参议员，他们就必须找到允许他们这么做的超宪法手段，或者以适当方法去修改宪法。结果，他们先走了一条路，然后也走了另一条路。

这些改变的开始都是非正式的。1830 和 1840 年代以来，那些想当参议员的人对于这项选举由州议会来决定越来越感到不满，于是他们转向选民寻求支持，就是在州议会选举中公开表示自己若当选州议员将接着竞逐联邦参议员。如此一来，一州的人民就在选举州议员的同时挑选他们属意的联邦参议员人选。于是，州议会选举的风头反而让联邦参议员的候选人抢去了。"逐渐地,选民在州议会选举中选谁或不选谁,不是看他们有没有作为立法者的能力,而是看他们在联邦参议员的选举中会投谁的票。"①1841 年,田纳西州州长詹姆斯·博尔克——一位杰克逊式的人物——拒绝举行州议会特别会议以增补一个联邦参议员的空缺,理由是"1839 年当选的这些州议员并没有被选民赋予选举联邦参议员的权利"。②1858 年,斯蒂芬·道格拉斯和亚伯拉罕·林肯在伊利诺伊州展开角逐,各有一张支持自己竞选联邦参议员的州议会候选人名单,竭力争取选民支持。纽约《晚邮报》当时报道说,"两个人为了合众国参议院的一个席位——这个职位不是由人民直接指定而是由他们

---

① 引自 William H. Riker, "The Senate and American Federalism", *American Political Science Review 49* (1955): 452-469, p. 463.

② 引自 Riker, "The Senate and American Federalism", p. 464.

的代表来指定——而在人民面前展开一对一角逐"，像这样的事例还是头一遭。①就这样，建国之父们关于选举参议员的双层式选举构想就开始被颠覆了。

这个颠覆的过程在 19 世纪后半叶还在持续，各政党在越来越多的州提名联邦参议员候选人，并让他们同时参选州议会选举。因此在这些州，不再是州议会选举联邦参议员，而是人民在选举他们州议会议员的同时，实际上也选举了他们州的联邦参议员。不少州甚至走得更远。最突出的是俄勒冈州，他们开创了一个新做法，就是允许州选民在选票上标出他们属意的联邦参议员人选，同时还标出那些已承诺一旦当选将会支持这位联邦参议员人选的州议会议员候选人。1909 年，俄勒冈州议会尽管是由共和党人掌控，但却选出了一位民主党人担任该州的联邦参议员，原因就是州选民在上一年

---

① Riker，"The Senate and American Federalism"，p. 464.

的选举中已表明要选民主党人,而且有足够多的议员当时答应了选民的这个要求。俄勒冈州后来修改其宪法,正式要求州议会必须要选人民之所选。直至 1910 年,美国绝大多数州都已通过这样或那样的办法,实际上把选举联邦参议员的权力从州议会的手里转移到了人民的手里,而不管美国宪法到底或理应是怎样说的。

结果不难预料。众议院的议员曾以为,既然直选对他们是好事,那么对参议员也应当是好事。早在 1862 年众议院已第一次提出要直选参议员,之后又分别在 1894、1898、1900、1902 和 1911 年以大多数票(偶尔还是一致)通过,要求修改宪法,以直选参议员。与此同时,越来越多的州议会公开表示,希望免除其选举参议员的责任,因为对州议会而言这项责任现在已变成纯粹是形式上的走过场。到 1911 年,共有 13 个州议会表示希望作出改革。这个数目已足以支持通过一个宪法修正案——一个宪法修正案需要至少四分之三州的同意。

在 1910 年的选举中,又有 10 位支持直选的参议员当选,加上原来的力量,参议院于 1911 年 6 月以三分之二以上的多数通过决议,支持参议员由直选产生。到 1913 年夏,除特拉华州和犹他州外,所有州议会都通过了宪法修正案,有的州是一致通过,大多数则是以压倒性多数通过。于是,《宪法》第一条第三款就被修改为:"合众国参议院由每州两名参议员组成,他们由该州人民选举产生。"正如经常被提到的,如果不是直选参议员的做法已经确立,第十七条宪法修正案就不会在参议院获得通过,也不会得到足够的州的同意。修正案"只是将大多数州议会(和州政党)所创造出来的一个局面正常化而已"。①

---

① Riker, "The Senate and American Federalism", p. 464. 亦请参阅 C. H. Hoebeke, *The Road to Mass Democracy*: *Original Intent and the Seventeenth Amendment* (New Brunswick, NJ: Transaction, 1995).

这场关于参议院直选的辩论最后演变为要不要赋予人民权力的问题,以及要不要再给予人民足够的权力以便他们能抵抗"利益集团"——资本家、垄断者、金融家、大公司——的势力。一位来自弗吉尼亚州的国会议员预言,如果大公司想操控国会以制定违背人民利益的立法,"他们必将遭到人民之友的强烈抗议"。[①]一位来自俄克拉荷马州的进步共和党人认为,"即便是人民直接选举,腐败还是会有的,但危险就没那么大,因为要贿赂人数众多的人民比贿赂屈指可数的议员难度要大得多。"[②]来自内布拉斯加的乔治·诺利斯表示,"人民的意愿总是被这些特殊利益集团和有钱人视为无物,他们

① 引自 Alan P. Grimes, *Democracy and the Amendments to the Constitution* (Lexington, MA: Lexington Books, 1978), p. 75.

② Grimes, *Democracy and the Amendments to the Constitution*, p. 78.

联合起来操控了参议员的选举。"①然而,许多支持改革的人都没有回答的一个问题是,既然州议会的议员都是如此腐败且不民主,为什么他们中这么多人能同意他们州的联邦参议员由人民来选举产生,同时还呼吁修改宪法以便实现参议员的直选?

这场辩论某种程度上讲是关于州和人民在美国政治秩序中分别扮演的角色的问题。那些强烈反对直选的人担心,参议员的直选会削弱州议会以及各州在与华盛顿联邦政府关系中的地位。但更多的直选反对者之所以反对,是因为在他们看来这又是一次民主力量的扩张。确实,1911 年围绕宪法第十七条修正案所展开的这些讨论,也许是最后一次有这么多的美国政治人物直接挑战人民意志至上的思想。来自纽约的参议员乔昂

---

① Grimes, *Democracy and the Amendments to the Constitution*, p. 79.

斯·迪皮尤本身是由州议会选出的,他提醒参议院,建立一个不同于由民选产生的众议院的上议院,就是要"设定程序以避免一时之冲动而未经过深思熟虑便成为立法"。①对此,同样是由州议会选出的马萨诸塞州的参议员亨利·罗杰德深表赞同,并进一步对代议机构倒退到只作为外面那些人(他们只是需要这些人的选票)的传声筒这个地步而深表遗憾。②来自纽约的参议员艾利胡·鲁特——他后来说过担心"愚昧的民主"会直接导致战争——坚持认为,参议院的主要功能之一,就是要尽可能地与众议院不同。众议院要由那些精力充沛、斗志昂扬、不安现状和勇于创新的人来组成,而参议院则应当由一些资深年长的政治家组成,他们都已"获得同胞们的尊敬",也乐意出任公职以尽爱国义务,但他们

---

① 引自 Hoebeke, *The Road to Mass Democracy*, p. 166.
② Ibid., p. 169.

"绝不会屈尊参加竞选,不愿意去不想去的地方,不愿意干不想干的事,不愿意说不想说的话"。①

　　但持这种观点的人往后就不会再有了,这不仅仅是因为他们在那个宪法修正案的表决中败下了阵,还因为他们的观点对于后来的美国人来讲已是不可理喻。大多数的政治人物,即使那些对不受约束的民主抱有极大怀疑的人,现在也不得不承认民主的时代已经到来,他们对此已无可奈何,也许无论如何人民最终是要当家作主的。在 1911 年于参议院发表的演说中,来自怀俄明州的参议员弗朗西斯·沃伦坦白地说,尽管他自己从根本上反对这个直选修正案,但还是要投票支持它:

　　　　我相信参议院采纳这个意见,即参议院的直选并不是合众国人民的最佳利益,也不可能使得我们尝试设立的政府因此得以永续。但

① 引自 Hoebeke, *The Road to Mass Democracy*, p. 173.

是,另一方面,我相信参议院也不会自诩为全能全知。对于人民就影响其福祉的各种问题发表观点的权利,参议院当然应将其置于自己的观点之上。①

换言之,尽管参议院不是全能全知,但人民是——或者至少应当被视为是——全能全知的。人民民主在理论上大获全胜。②

州议会在第十七条宪法修正案通过之前就可以把选举参议员的责任转交给人民,所利用的机制之一就是直接初选这个制度。在第十七条宪法修正案通过前,许多州都已通过初选法律,允许选民在选票上标明他们认

---

① 引自 Hoebeke, *The Road to Mass Democracy*, p. 184.

② 参见 David E. Kyvig, *Explicit and Authentic Acts*: *Amending the U. S. Constitution*, *1776–1995* (Lawrence: University of Kansas Press, 1996), pp. 363–369.

为他们的政党应提名哪位候选人为联邦参议员。这些
初选的结果对他们政党在州议会里的代表并没有法律
上的约束力,但大多数的政党州议员通常都会按选票上
的指示去做。

然而,引入直接初选与联邦参议员的选举本来是风
马牛不相及的。尽管早已有人主张引入直接初选,但最
有说服力的还是艾伯特·贝弗里奇于 1906 年作出的论
证。①正如贝弗里奇等所指出的,问题很简单:如果选民
可以在候选人之间作出选择,他们为什么不可以直接选
择候选人? 对于这个问题,在美国只可能有一个答案。

本来,在美国的大多数州,都是政党的州议员在挑
选其政党出任某个公职候选人上扮演着最重要的角色。
但到了 1840 年左右,这个角色在许多州都改由各种不

---

① 参见 Kyvig, *Explicit and Authentic Acts*:*Amending the U.
S. Constitution*, *1776−1995*,p. 95.

同的机构来担任：政党内部的预选会、大会和其他类似的会议。然而，一州及地方政党还可以进一步允许他们的支持者直接选出可以出席这些预选会、大会和其他类似会议的代表。这种选举——非正式、超法律而且是由政党自己来组织——后来被称为"初选"，并被广泛使用。由于这种超法律的选举很容易被滥用，容易出现贿赂、恐吓或被对手的支持者混入，还由于在一党独大的州，初选甚至比接下来的大选还要重要，所以越来越多的州开始立法予以规制。

开始的时候，这些法律不是强制性的——政党可以选择适用也可以选择不适用，但后来就有越来越多的州、市和镇都要求制定并实施这样的法律。于是，在 19 世纪末至 20 世纪初期间，初选就逐渐演变成"直接"初选，选民在州组织的初选中挑选候选人，就如同他们在州组织的大选中在各党候选人之间作出选择一样。最早研究美国初选的历史学者查尔斯·梅里亚姆和路易

斯·奥弗拉克在他们 1920 年代的著作中写道："（1890
年代及之后通过的）初选立法的一个显著特征，是逐渐
地向大选所采用的制度靠拢。"①截至第一次世界大战
结束时，几乎所有州都强制性地要求在部分或所有全州
性选举、城市或地区选举中采用直接初选。

相比之下，初选在总统选举中的使用就推广得慢许
多。始于 20 世纪初，佛罗里达、威斯康星和宾夕法尼亚
等不到十个州开始允许或要求州内的政党直选他们的
党大会代表，或者是用其他办法让州内选民可以清楚表
明他们愿意选择谁为该党的总统提名人。然而，从第一
次世界大战结束至 1968 年这个时期，有些州取消了总
统初选，而搞总统初选的州也不见增加。只有在 1968
年（该年在芝加哥举行的民主党大会混乱不堪）后，举
行总统初选的州才开始大幅增多。到 21 世纪初，初选

---

① Charles Edward Merriam and Louise Overacker, *Primary
Elections* (Chicago：University of Chicago Press，1928），p. 27.

作为政党提名总统候选人的方法，其作用和影响几乎完全盖过了四年一度的政党提名大会。

所以，初选数量的增加（尤其是在总统选举方面）并不是直线形的，但最后结果则是不可逆转的。如果人民在其他领域可以作主，那么他们在这个领域就更应该可以作主。任何改革如果承诺人民可以在选举政治中有更多的参与，并且对选举结果有更实际的影响，就必定有强大的推动力，这样的改革将是无法抗拒的。一位直接初选的倡导者说："我们的政府是建立在这样的理念之上，即人民有足够的智慧可以管理好他们自己的政府……直接初选是确定人民意志的一种简便办法，凭此我们即能知道人民愿意选择哪些人来制定和执行他们要遵之而生活的法律。"①欧洲及其他国家未能采用或

---

① George W. Norris, "Why I Believe in the Direct Primary", *Annals of American Academy of Political and Social Science 106* (March 1923): 22–30, p. 22.

推广直接初选,根本原因就在于没有在如此强烈的民主思想之上形成共识。

当然,实际上能否改革很大程度上还是要看各州政治精英和政治领袖们的具体考量。随着美国人口不断增多、城镇化日益明显且社会越来越多元,政党在选举上也随之作出应变。在美国,政党本身又是高度去中央化的。于是,由于担心对州内的提名程序失去控制,越来越多的州政党领袖就把初选视为可以让他们继续对提名施加影响的最好办法。很多时候,他们发现他们的话对他们自己的州以及地方政党都不管用了。与其这样——他们想——还不如采用一套以州为中心的程序,他们还可以施加一些影响,起码比那些已不受他们控制、混乱而且不为选民认可的提名大会要好一些。①州

---

① 参见 Alan Ware, *The American Direct Primary*:*Party Institutionalization and Transformation in the North* (Cambridge:Cambridge University Press, 2002).

政党领袖,出于众所周知的政治捐助和权力上的原因,当然是对州、市和镇的选举结果——而不是总统的选举结果——更感兴趣。这就是为什么总统选举的直接初选在大多数州较晚才开始采用的原因。

对州和地方政党的头头们来讲,提名之所以重要,是因为捐助重要。他们正是靠此才发达的。在当时的历史背景下,捐助就意味着不仅仅对委任职位的任命,而且对许许多多的选举职位的选举,都可以施加影响。杰克逊式民主的教条——这些教条到19世纪中叶时已在美国政治文化中牢固确立——似乎就是,不但总统、州长、市长都可以任命其支持者到适合的职位上,而且其他公职都不能由行政来任命,而是应当全部由直接选举产生。正如一位出席州制宪大会的保守派代表尖刻地说的那样,"我们已经为除抓狗人之外的所有公职安排了民主选举,假如狗可以投票,我们甚至连这个职位也会安排选举。"①但奇怪的是,对于如此广泛适用的美国公职选举,似乎没有人写过它的专门史。与其他国家相比,19世纪末乃至今天的美国,都有更多的公职是由选举产生的。如果不是20世纪末公务员改革后"择优录用"比"民主选择"的价值更被看重,今天的选举职位也许还要多得多。

尽管如此,即使选举职位的迅猛增长在19世纪末时已被遏止,但在大多数州和市从来没有被彻底扭转过来。佛蒙特州宪法如今还规定众多的公职由选举产生,包括州长、副州长、财政部部长、州务卿、审计长、镇代表、高级执行官和州检察官,等等。肯塔基州宪法规定,州选民可以选举产生州长、副州长、审计长、农业、劳工

① 引自 Kermit L. Hall, "The Judiciary on Trial: State Constitutional Reform and the Rise of an Elected Judiciary, 1846 – 1860", *The Historian* 45 (1983): 337 –354, pp. 340 –341.

和统计专员、州务卿、检察总长，等等。佛罗里达州宪法也规定州长、副州长、州务卿、检察总长、财政部部长等由选举产生。一位居住在德克萨斯州奥斯汀镇的政治学者说，他和他的邻居通过选举可以决定不少于十九个州和地方的行政职位，包括德克萨斯州铁路专员、特拉维斯县警长和税务评估及征收官，以及当地学校委员会的主席和副主席。①相比之下，联邦选举的选民就"寒酸"多了，他们能选出的行政职位就只有美国总统、副总统——甚至连这个都已远远超出了制宪者原来的计划，制宪者所要的选举人团是一个团体，是一个独立于大众选民的机构。

如此大量的行政职位由选举产生，这一点正是美国

①　James S. Fishkin, *The Voice of the People: Public Opinion and Democracy* (New Haven, CT: Yale University Press, 1995), pp. 8–9.

州政府和联邦政府之间的显然不同之处。但这并不是这两个政府层面的唯一不同之处，除此之外还有许多。其中之一就是司法机构人员的选举，而不是任命。联邦法官从来都不是选举产生的，今后看来也不会。但在五十个州中的大多数州，法官都是由选举产生。如果1787年宪法的制定者知道是这种情况，他们大概都会目瞪口呆——就像我们在第二章所看到的托克维尔那样。

建国之父们都想当然地认为法官应当是任命而不是由选举产生。正如我们在第三章所看到的，他们从未考虑过联邦法官由选举产生这种可能性。他们唯一讨论的相关问题是联邦法官该如何任命以及由谁来任命。在绝大多数（甚至可能是全部）制宪者看来，司法的作用并不是要服务于大多数的利益，而恰恰相反，是要防止大多数，以保护少数人的权利，保护财产权利。尤其重要的是，法官既要独立于人民，也要独立于其他政府部门。在制宪大会讨论到法官任期这个问题时，有人提出动议,建议联邦法官若经国会参众两院表决同意可被免职,但这项动议被压倒性多数否决。詹姆斯·威尔逊坚持认为,法官"如果需要看另外两个政府部门当政者的脸色,他们的日子可就不好过了"。埃德蒙·伦道夫"反对这项动议,认为它严重损害法官的独立性"。①他们代表了大多数制宪者的观点。

然而,建国之父们的观点往往并不为后来人所接受,至少在许多州是如此。早在1812年,佐治亚州就成为第一个开始选举初审法官的州,1832年密西西比州成为第一个规定上诉法官由选举产生的州。到南北战争的时候,当时的三十个州中已有二十一个引入了法官选举,而在1860年代初至1950年代末,新加入合众国的二十个州中除一个外全部都在州宪法中规定了法官选举。今天,在五十个州中,全部或大部分的州法官都

① *Notes*,p. 537.

是由直选产生。

在早期美国,法官通常都是由州长和州议会联合任命,这种办法被普遍接受,其原因一方面是大家认为法官并不是很重要,另一方面是"任命"是制宪者所采纳的法官选用办法。然而,到了安德鲁·杰克逊时代,主流观点改变了。极端的民主主义者强烈反对法院当时正在做的一件事情,就是将州议会制定的法律判为无效。而各州制宪大会中较温和的一些代表所反对的,则是越来越多的法官变得过于依赖议会的意志,因为他们是否再获委任将由议会来决定。在他们看来,法官如由选举产生,将有利于加强法官的独立性。许多律师——出席各州制宪大会的律师人数很多——似乎也认为法官由选举产生会有利于提高整体法律职位的地位。由于1840年代的大多数州政府都是被政党所把持,所以一些改革者还把人民选举作为可以减少执政党对司法施加影响的办法之一。①

不用说,支持法官选举的理论自然就是人民主权这个概念了。当时的保守派对此颇感担忧,而后杰克逊时代的改革者则持欢迎态度或视之为当然。在各州的制宪大会上,支持法官选举者说得最多的,就是把司法部门以及其他两个部门建立在人民意愿之上的好处和必要性。一位出席1849—1850年肯塔基州制宪大会的代表说,法官"要去找面包吃,而面包就来自于人民。他想获得认可,而认可就来自于人民"。另一位与会代表态度同样坚决:"我们不需要独立于人民的司法。"②一位出席1850—1851年俄亥俄州制宪大会的代表强调,法

---

① 参见 Hall, "The Judiciary on Trial", and Caleb Nelson, "A Re-Evaluation of Scholarly Explanations of the Rise of the Elective Judiciary in the Antebellum America", *American Journal of Legal History 37* (1993): 190–224.

② 引自 Nelson, "A Re-Evaluation", p. 218.

官应该"像议员那样作为人民的代表"。①一位出席1853年马萨诸塞州制宪大会的代表对他的同事说:"我希望所有公职都由独立而正直的人来担任,但我不希望有任何公职完全独立于人民。我想他们至少要有如此的依赖性,以便他们心中清楚手中的权力从何而来。"②诸如此类的观点在当时几乎是无法抗拒的,也确实没人能抗拒。1873年,纽约选民以压倒性多数否决了在该州恢复法官由任命产生的建议。

在这个背景下,联邦法官非由选举产生就让人难以理解,而让人更难理解的是从来没有人提出过严肃的建议,要修改宪法以便联邦法官也实现由选举产生。甚至连这样做的可能性也鲜有人提及——我们将在第七章再回过头来简单地说说这个问题。

---

① 引自 Nelson,"A Re-Evaluation",p. 214.

② Ibid.,p. 218.

当各州制宪大会讨论法官由选举产生的可能性时，其中涉及的一个问题是法官一旦当选任期应是多长。《美国宪法》第三条第一款当时和现在都是这么说的："最高法院及下级法院的法官如行为良好即可继续在任。"意思就是说他们可以是终身任职或直至他们自愿退休。但大多数州的制宪大会对这个办法并不满意。他们认为法官应当向人民负责，如果人民可以向法官问责，人民就可以选他们也可以免掉他们。用俄亥俄州一位代表的话来说，法官就应当被迫去竞选连任，甚至是在较短时间内去竞选连任，只有这样他们才有可能"用心作出判决，以反映正义并保护权利，因为他们不可以有所偏倚"。[1]结果，大多数州规定的法官任期都比议员的任期长许多。但尽管如此，法官的任期很少有十多年长的，更多的是只有四年。在法官由选举产生的州，没

---

[1]　引自 Hall, "The Judiciary on Trial", p. 347.

有一个州规定法官一旦当选,则只要行为良好便可以继续任职。法官如果想在任更长时间,就必须通过选举竞逐连任或者经选民确认后才可继续留任。①

对州一级的其他公职,各州制宪大会也以同样的问责道理规定了较短的任期。大多数州很快就废除了殖民时代和后殖民时代早期每年进行州公职选举的做法,因为只有一年的短任期不但不切实际而且还缺乏连续性。尽管如此,大的前提依然不变——今天也没变——就是所有由选举产生的公职人员都必须被紧紧地套上选举的缰绳。美国大多数州的下议院都和联邦众议院一样,议员的任期只有两年,只有五个州下议院议员的任期可以长达四年。但没有任何一个州的上议院与联邦参议院一样,议员的任期可以长达六年。在大多数州,上议院议员的任期是四年,但有十多个州,州参议员

---

① 参见 Larry C. Berkson, "Judicial Selection in the United States: A Special Report", *Judicature* 64 (1980): 176-193.

的任期和下议院议员的任期一样,只有两年。大多数州长和美国总统一样,任期是四年。但近几十年来,美国州长的任期有延长之趋势,很多是从两年延长为四年。这是在美国政治中罕见的逆向发展。

"召回"是将公职人员紧紧地套上选举缰绳的另一个办法。这个办法只在美国少数几个州使用,在美国之外的其他地方更是罕见。在早期美国(特别是在马萨诸塞州的几个小镇),曾有人提出过这样的想法,即对于由选举产生的官员,选民应有权将其免职,或者要求他们在下一轮选举之前参加一次特别选举才决定其是否可以继续任职。但这样的想法从未付诸实践。在费城制宪大会上,这种想法也没有引起大家的兴趣,甚至都没有人提出来讨论。①直到 20 世纪,美国人(至少是部分

---

① 制宪者从未考虑过这种可能性,即某一地区或某一州的选举可以召回其经选举产生的代表,但他们当然清楚,在《邦联条例》之下,州议会有权在任何时候召回其在邦联国会的代表。也许正因为这一事实,所以制宪代表们不去碰召回这个概念。

美国人)才获得了召回在职官员的权利。

20世纪初,"进步时代"的倡导者和政治领袖们认为,召回的做法会损害政党机器(他们操控着许多大城市的政府)的运作,但同时也可以消除腐败,减少利益集团的影响。与通常一样,召回之所以被提出来,主要还是作为一种民主手段,可以确保民选代表不敢轻易忽视选民的意见或者利益。其核心的概念还是代表乃人民之代理人这个思想。一位"进步时期"的政论作者提到某位民选官员给予选民将其召回的权利,并对这种做法的智慧大加赞赏:"这是一种不间断的监管,可以确保在任何时候都在人民和他们的代表之间维持着主与仆的关系。"①

──────────

① 引自 Thomas E. Cronin, *Direct Democracy*: *The Politics of Initiative*, *Referendum*, *and Recall* (Cambridge, MA: Harvard University Press, 1989), p. 130.

第一个允许选民召回其代表的地方是洛杉矶市，那是在1903年。俄勒冈州和加利福尼亚州跟随其后，分别于1908年和1911年赋予选民这种召回权。1911至1917年间，再有七个州引入这种召回制度。两次世界大战之间有三个州、1945年后再有十几个州都引入了这种召回制度。今天，共有十八个州赋予了选民这种召回权，约占合众国总州数的三分之一。至今为止，全美共举行过七千多次召回选举，大多是在市和镇层面举行。召回州长和州议员的情况不多，但有两个较为著名的个案：一个是1987年亚利桑那州试图召回州长埃文·米查姆，这次如果不是米查姆已被州议会弹劾并免职，召回几乎肯定会成功；另一个是2003年加利福尼亚州成功召回州长格雷·戴维斯，他在那次召回选举中输给了出生于外国的电影明星施瓦辛格。即使在那些允许召回州长的州，大多数州长都能稳坐江山，尽管有时候也免不了风雨飘摇。

令人费解的是,既然召回制度具有如此的民主魅力,为什么只有一小部分的州采用,而与这些州情况差不多的其他州为什么不采用? 在"进步时代"开始采用召回制度的州大部分在中西部,后来采用该制度的州还有佐治亚(1975 年)、蒙大拿(1976 年)、罗得岛(1992年)和新泽西(1995 年)等,总的数量并不多。但在联邦层面并没有采用召回制度。

选举权的扩大、参议员直选、初选、大范围的公职人员选举、短任期以及召回——所有这些都是美国民主内在动力的体现。然而,有些东西还是欠缺:美国人并没有以公民创制和全民公决等办法直接自主行动的能力;在美国,本来就很少有人谈论公民创制和全民公决,在1787 年制宪大会上也没有涉及这个问题的讨论。和其他国家的人民一样,美国人只是把民主视为一种选举和代表的过程。直接民主在新英格兰州的一些小城镇曾经搞得热火朝天,但始终未能上升到国家的政治议题上来。只是到了 19 世纪后期，直接民主才引起更大范围的注意，因为选民对大公司和托拉斯通过其代理人和幕僚而在政治上把控了州议会越来越感到不满。与我们已谈及的大多数民主手段不同，公民创制和全民公决（特别是二者合一）是 19 世纪末进步时代的特有产物。①

当然，某种意义上的先例还是有的。大约始于 1830 年，以全民投票的方式通过州宪法成为一种常规做法，有将近五分之四新加入合众国的州是以这种方式通过他们的州宪法的。自从 1860 年代以来，所有新的州宪法以及它们的许多修正案，都被付之于全民表决。一些州的宪法甚至还要求某些议题的立法建议，比如州政府

---

① 参见 David Butler and Austin Ranney, eds. , *Referendums around the world: The Growing Use of Direct Democracy* (Washington, DC: AEI Press, 1994).

所在地和新增的税目等,都要提交给人民来审议。于是,举行州或地方的全民公决逐渐成为美国政治的一个特征,但在全国范围内尚非如此。

然而,在激进的进步主义者看来,只有全民公决是不够的。就像这个词本身含义所指的那样,一次全民公决就是把某个机构(通常就是立法机构)提出的某项建议交给另一个机构(通常就是人民)来审议。然而,19世纪末的美国那些州议会,恰恰就是民主主义者和进步主义者极为厌恶和蔑视的机构。州议会如果真的要把什么议题提交给人民,也只会是提交那些宪法修正案和那些他们希望通过而且又冗长繁杂、模棱两可的立法建议。那些更激进的改革者甚至希望有一种机制,可以让普通选民越过他们的代表而把他们自己的建议直接提交给全体人民来决定。于是就有了一种公民创制和全民公决的联合形式:公民创制在前,全民公决在后。还有一些改革者不仅仅希望能越过腐败的州议会,他们甚至还希望改造民主机制的本身。最早及最具影响力的公民创制和全民公决联合模式的倡导者艾维伊德·特波默罗伊认为,"代议政府不是民主;它只是通往民主的一个中途站。"他坚称,"有了公民创制和全民公决,我们才会有真正民主的政府。"①

结果,这些要求直接民主的改革者获得了实际的成功,不过只是局部性的。许多州都成立了"直接立法联盟",但这一做法还是未能成为一个群众运动。为了取得成功,他们需要规模更大、组织更强的联盟,这种联盟要有自己的议程,要有在他们看来只有通过公民创制和全民公决才可以推动的事业。对这些改革者而言,州里尚未具备形成支持直接民主联合阵线的条件,比如选民

---

① 引自 Thomas Goebel, *A Government by the People*: *Direct Democracy in America*, *1890－1940* (Chapel Hill: University of North Carolina Press, 2002), p. 36.

立场不定和政党体系相对松散。这些条件在西部的州很容易满足，在东部偶尔也可以，但在原邦联范围内则永远不可能，因为这是民主党精英的地盘，他们不希望扩大民主的范围，而恰恰相反，他们要剥夺黑人以及不少州的穷白人的选举权。到美国参加第一次世界大战的时候，某种形式的公民创制和全民公决的联合模式已在共二十个州（除九个以外全在西部）确立，只是民主程度各有差别。在两次世界大战之间，采用这种做法的州一个也没有，而从那之后采用（或重新采用）的州大概也只有五六个。今天，共有二十七个州（五十个州的半数多一点）采用公民创制和全民公决的联合模式，而在原来的邦联内，只有马里兰和马萨诸塞两个州采用了这一民主制度。长期形成的制度和习惯似乎是最难改变的。

在那些采用了公民创制和全民公决的州，这一民主制度并非处于休眠状态。据估算，在 1900 至 1940 年之间,大约有1000多项提议在相关州的选举中提出,其中约四分之三是以公民创制的形式,其余则是纯粹以全民公决的形式。①公民创制和全民公决的使用率在1940年代至1950年代期间大幅下降,根据加利福尼亚一位学者的观察,在那个时期,该州以及所有州的选民对"各种投票,尤其是公民创制这种办法,都充满了疑虑"。②然而,到了20世纪后四十年,公民创制和全民公决的使用率再次急剧提升,这个时期,各种政治活跃的利益和游说集团如雨后春笋一样冒出,与此同时,公众对直接民主的热情也再度高涨起来。在这四十年里,加利福尼亚州1978年通过的"第13号提议"尤其值得一提,该提议将加州地产税的增长划定上限,引发了几乎是全国性的抗税暴乱,另外九个州通过了类似的由公民提出的动

---

① Goebel, *A Government by the People*, p. 135.

② Ibid. , p. 186.

议,再有另外三十七个州议会——显然是受到"第13号提议"的影响——也自行通过了类似的限税法律。自1978年以来,在不同的州,但主要是在加利福尼亚州,选民通过了许多提议案,涉及的事项包括公立学校除英语之外可以教授的语言、取消非法移民的社会福利和其他各种福利、废除州里所制定的各种扶持有色族群及其他少数族群的政策。在最近几十年,采用公民创制和全民公决的州几乎没有增加;但在那些已采用的州,公民创制和全民公决的使用比过去更为频繁。像在召回的问题上一样,最明显的局外人正是合众国自己,在联邦层面上,公民创制和全民公决都是不存在的。

美国原本的宪法所具有的许多特征在21世纪的今天仍然保留着。总统、国会(设有两个独立的院)、联邦制、最高法院以及下级联邦法院等都还存在。但是,正如我们在本章所看到的,自从1787年以来,美国在制度上的所有重大创新,目的就是要大幅度地扩大人民的权力,致使人民在美国政治制度上的角色已远远超出了大多数建国之父们当初之设想。更多的人获得了投票权。人民可以直接选举总统选举人和联邦参议员。他们可以在初选中挑选候选人,然后再在大选中投票给这些候选人。在大多数州,他们还可以在全民公决中投票。在许多州,他们还选举法官。在一些州,他们可以提出议案,启动立法,甚至还可以召回他们感到不满意的公职人员。世界上没有任何国家的民主之树——人民的力量——是如此的枝繁叶茂。正如伊里亚斯·史密斯所说,"这是一个民主政府。"①他在1809年这么说,也许还是言之过早,但两个多世纪后,恐怕不会再有人怀疑他的话。民主思想、信念和行为的传播几乎不可阻挡,当然更不会被逆转。

但有一例外,十分显眼:自第二次世界大战以来,对

---

① Goebel, *A Government by the People*, p. 82.

美国总统和许多州及地方官员任期所施加的限制。任期的限制显然并不能给选民提供更多的选择，选民的选择反而是减少了。由于联邦宪法或州法律禁止这些人竞逐连任，选民即使仍想选他们但已不能再投票给他们了。另外，由于任期的限制，选民对经选举产生的公职人员的控制力不是增强了，反而是削弱了。任期受限制的公职人员在最后一个任期的时候，选民往往难以有效地向他或她问责。选民手中就没有了可以给予他们的成功连任的奖赏或在选举中落败的惩罚。处于这个位置的公职人员，可以对继任者负责、对他们的良心负责、对历史或上帝负责，但不再直接对人民负责。从这个简单意义上讲，任期的限制，尽管可能有其合理理由，但从本质上讲却是不民主的，甚至是反民主的。为什么美国会采用任期限制，我们将在第七章再作讨论。

在此之前，我们还是要回到我们所提出的两个构造板块这个问题上。下一章，我们将仔细研究支撑着美国现行政治制度的两派思想——完全对立的两派思想。无论如何,21 世纪的美国政治制度也不能说是个无原则的制度。相反,正如我们已经开始看到而且还会看得更清楚的,它是一个双原则的制度。正是这两个原则之间持续不断的冲突,才使得美国政治制度如此让人迷惑,让人思索。

6

两大构造板块,两种怀旧情结

就其宪法政治而言,美国有着两种独特的"怀旧情结"。在世界上大多数地方,人们对于本国过去的政治通常都不会过于留恋。比如在法国、德国、意大利、俄罗斯和日本等国——随便举几个例子罢了,人们或许更愿意彻底忘记其国家已过去的政治。或者说,如果国家的政治真有一段让他们念念不忘的过去,那往往也是在某个非常遥远的时间,是一个亦真亦幻的英雄时代:比如,对于意大利人而言,那就是古罗马时代;对于俄罗斯人而言,则是亚历山大·涅夫斯基时代。在这个方面和在许多其他方面一样,美国人都是与众不同的。他们对本国政治历史上的重大事件和重要人物都怀有无比的崇敬,有时甚至达到了祖先崇拜的地步。①

　　然而,美国人所眷恋的,是两个理念上完全不同的过去。于是乎,美国人对于如何才算得上是过上了好日子——政治意义上的好日子,也就有着两种完全不同的看法。这两种理念都深深植根于过去,但本质上又完全不同,而且随时都可能发生冲突。美国人似乎并不自知,他们正在祖宗的庙堂里,同时对两位敌对的神灵进行顶礼膜拜。

————————

　　① 当然并不是所有美国人都崇敬同样的人物和同样的事件。比如许多南方人希望南方能打赢南北战争,他们崇敬的人物是杰弗逊·戴维斯(译注:Jefferson Davis,在南北战争期间担任美国南部联盟总统)。但大多数北方人很高兴是北方赢得了战争,所以直到今天,他们在想起戴维斯的时候,还是把他看作是暴乱分子和叛国者。好在,南方人和北方人都能共同崇拜建国之父们的在天之灵,而且,都认为罗伯特·李(译注:Robert E. Lee 是南北战争期间南部联盟军的总司令)是一位十分值得尊敬的人,同时也是一位伟大的将领。

其中一种理念是乔治·华盛顿、革命一代、建国之父和1787年宪法制定者等这些人身上所体现出来的。他们以及他们所制定的宪法受到至高无上的推崇,这一点从费城宪法博物馆门前长长的参观队伍便可见一斑,"建国之父"这个神圣称号也足以为证。这个拥有建国之父这些伟大人物的过去,洋溢着自信。这是一个精致的画面,里面是那些知识精英、那些来自全国各地充满自信的成功男人,他们自愿地走到一起,要为国家的福祉出谋划策。这也是一个放眼整个北美大陆的画面,而不是局限于一屋、一村、一镇。虽然这些建国之父中不少都是大地主或大农场主,但与他们联接起来的,却是一幅城市景象:有文化,有学问,书房的书架排满了书,客厅的桌几全是橡木做的。如此之景象,即使不是城市的,也肯定是富有城市气派的。

美国人对过去的另一个理念——也就是他们怀旧情结的另一个形式——则有着更浓厚的乡土气息。这是一个乡村和小镇的画面,正如诺曼·洛克威尔在他的油画里所描绘的那样。这里的人们都讲家庭美德,都纯洁善良,对上帝谦卑,对他人也谦卑。在这里,精神远比物质更为重要。在他们看来,有文化的人——他们都想得太多——通常都是不可信任的。在早期美国,理想的乡村生活一直被推崇,甚至乡下人的美德也被认为要比常青藤名牌大学、繁华都市以及大公司总部里的德行高出一等。随着美国越来越城市化和工业化,似乎就有越来越多的美国人渴望回到那简朴和温良恭俭让的过去。"随着农业作为自给自足的生活方式不断被放弃,随着农业越来越商业化,越来越多的好人被甩下了。而随着越来越多的农村孩子走向城市,整个文化里对乡土过去的留恋之情就越为浓重。"①直到今天,在成千上万美国

---

① Richard Hofstadter, *The Age of Reform*: *From Bryant to F. D. R.* (New York: Vintage Books, 1995), p. 24.

人的心里,最好的民主就是"草根"——注意这个用词——民主。无疑,这个特定的过去印象与其中一位建国之父对当时美国社会的认识是完全一致的,他就是托马斯·杰弗逊。杰弗逊十八岁之前都没进过城市,他坚信"唯有农民可赖以表达真正的美国情感",但对于像麦迪逊和汉密尔顿这样上过大学或自学成才的知识分子来讲,杰弗逊的这种说法让人不敢苟同。[①]

　　甚至在今天,这两种理念上完全不同的过去都分别和一个特定的规范概念——关于如何安排好政治生活的概念——有着紧密的联系。这两个概念对于政治和政治哲学的学生来说,应该都是熟悉的,但在这里还是有必要把它们的主要特征勾画出来,因为无论它们如何不同,却都仍然共存于并影响着当代美国。用我们早前

---

　　① 引自 Richard Hofstadter, *The American Political Tradition and the Men Who Made it* (New York: Vintage Books, 1973), p. 36.

的比喻来说,这两个概念即是那两大相互联接、相互摩擦的构造板块。

其中一个概念即所谓的"共和"或"宪政"。建国之父们尽管有着许多其他分歧,但实际上他们每个人都是宪政主义者。他们都有主见,但也乐于借鉴外国政治哲学家的思想,然后再提出自己的看法。孟德斯鸠——这位生活于18世纪中叶的法国人——曾认为英国是世界上唯一真正拥有宪法政府的国家,他称赞英国的宪法是"美妙的制度"。①这个宪法思想传统在当今世界所有民主国家里仍然充满着活力。

宪政主义的基本主张是个人(过去只是讲男人)的核心重要性,因此也就是个人自治以及与个人生命、思想、宗教和财产不可分割的权利的核心重要性。洛克先

---

① Baron de Montesquieu, *The Spirit of Laws*, trans. Thomas Nugent (New York: Hafner, 1949), p. 161.

是设想人类处于自然状态之中,然后设问,处于这种状态的人们为什么愿意组成社会并愿意接受他人的统治。他的回答是他们这么做——而且这么做是对的——是"为了共同保护他们的生命、自由和财产"。①在他的一封信里,洛克还这样写道:

> 在我看来,如此联合起来的集体就是人类的社会,其建立之唯一目的就是为了获取、维护以及促进他们自己的公民利益。所谓"公民利益",我是指生命、自由、健康和身体无病痛,以及拥有各种身外之物,诸如钱财、土地、房子、家具,等等。②

---

① John Locke, *Two Treaties of Government*, 2nd ed., Peter Laslett (Cambridge:Cambridge University Press, 1967), p. 350.

② "A Letter Concerning Toleration", in *The Selected Political Writings of John Locke*, ed. Paul E. Sigmund (New York:W. W. Norton, 2005), p. 129.

宪政主义者对个人或团体在什么范围之内才可以自由主张自己的公民利益,对个人自由到了什么程度就会变成放纵,一直是存有争议的,而且还会继续存有争议。但他们的根本主张是赞成个人拥有最大限度的自由和自治。而且,个人的自由应当包括与任何人结社的自由,以及爱说什么就说什么、想写什么就写什么的言论自由。

在宪政主义者看来,对个人的自由和自治必然存在着两种威胁,或是实际的,或是潜在的。其一是直接来自人的同类,同类中有犯罪团伙,有嫉妒成仇的邻居、宗教狂,或者会发生任何突如其来的社会高压。其二则是来自于政府。如果个人的“公民利益”需要保护以不受社会其他人的侵犯,那么它们也需要受到同样或更多的保护,以不受到国家和政府的侵犯。洛克提出,成立政府本来就是为了保护人们的生命权、健康权和财产权,如果政府要剥夺人的这些权利,那么,他们为什么还会愿意放弃自然状态而组成社会？洛克清楚地表明，任何政府如果要剥夺人的生命权、健康权和财产权，这样的政府就失去了统治的权利。

　　因此，无论何时，政府若僭越这条社会基本准则，或因为野心、愚蠢或腐败，而试图自己或让任何人掌握绝对之权力，并置于人民的生命、自由和财产的权利之上，则政府便违反了人民的信托，因此也就失去了人民交在他们手中的权力……权力回到人民手中，人民有权恢复他们原有的自由，并成立（他们认为合适的）新政府，来为他们自己的安全提供保障，而这正是他们要组成社会的目的。[①]

　　后来，约翰·斯图尔特·密尔用更精辟的语言指

① Locke, *Two Treaties of Government*, pp. 412–413.

出，"限制政府干涉最令人信服的理由，就是政府权力之不必增加实乃极大之邪恶。"①

因此，政府必须受到约束。政府权力及其范围都要受到严格限制。但如何才能达到这一理想目的呢？一个办法是制定更高级的法律，这些法律只能通过特殊的程序才能和平地废除或修改，而且要把它们与普通法律区分开来。从历史上看，执政时间越长的政权，其统治者乃至臣民都越看不到在高级法与普通法律之间作出区别的必要性。在他们看来，既然有政府在，法律就是法律，仅此而已，不应当有一些法律凌驾于其他法律之上。然而，自从 17 世纪末以来，新政权的缔造者往往都觉得有必要在某种法典或宪章中具体明确新政权的结构。这些法律文件通常都会清楚写明新政权的各个机

①　John Stuart Mill, *On Liberty and Other Essays*, ed. John Gray（Oxford：Oxford University Press, 1991）, p. 122.

构可以做什么以及不可以做什么。成文的宪章通常也包含特定的修订条款。

洛克——作为一个实务者以及一位政治哲学家——于 1669 年被邀请为英国殖民地加利福尼亚州起草"根本宪法"。在他起草的宪法中，处处都在作出宪法或高级法与普通法律的区别。第 74 条就明确规定，在加利福尼亚州议会每次举行会议的时候，"第一件要做的事就是宣读加利福尼亚州的根本宪法……任何人，如果没有经过宣读宪法这个环节，便不能出席议会的会议或投票。"洛克的宪法同时还规定，如果加州议会的特定多数认为任何法律草案"不能为本议会所接受，而且也不符合政府之根本宪法，则不予通过，就如同其从未被提出过一样"。为了免除大家对宪法特殊地位的疑虑，宪法第 120 条，也就是最后一条，还乐观地宣称："这些根本宪法条款，共 120 条，每一部分都是而且永远是加利福尼亚政府神圣和不可更改的法律。"①

因此洛克的宪法是不可修改的,至少理论上是如此。但宪法里也提到加州人可以享有一些权利,尤其是信仰任何宗教和承认上帝存在的权利。到了 18 世纪末,大多数宪政主义者都认为,如果一个自由国家需要一部成文宪法,那么这部宪法就应当清楚列明有哪些领域对政府来说是绝对的"禁区"。然而,那些出席美国制宪大会的代表,尽管他们实际上都是宪政主义者,尽管他们都认同《独立宣言》所说的所有人都被上天赋有"若干不可剥夺的权利",但他们并没有在所草拟的宪法中对这些权利作出明确的陈述。他们的看法是,他们草拟的宪法所赋予新联邦政府的权力是有严格限定的,其中就不包括可以剥夺美国人民已有之权利的权力。

---

① 引自 *John Locke's Political Writings*, ed. David Wootton (London: Penguin Books, 1993), pp. 225–226 and 232.

正如汉密尔顿所问，"那些政府没有权力去做的事情，为什么还要特别声明？"①但是，制宪大会代表们没有在宪法里写入人权法案，后来就给了反联邦党人强有力的武器来反对新宪法的通过。结果，以麦迪逊为首的联邦党人不得不让步。联邦党人只好承诺，如果宪法获各州通过，人权法案可以作为修正案很快增补到宪法里。这个承诺在宪法通过后即获兑现，而且，两个世纪之后，美国宪法的前十条修正案，即所称的"人权法案"，依然如故，它们本身从来未被修改过。在这个方面，美国可算得上是开了历史的先河，但现在几乎所有民主国家的宪法都包含有某种具有法律约束力的人权法案。

除制定宪法和人权法案之外，限制政府的另一个办法就是将不同的政府部门分权设立。首先，不同政府部

---

① 引自 Leonard W. Levy, *Origins of the Bill of Rights* (New Haven, CT: Yale University Press, 1999), p. 10.

门互不隶属,而且只能在所明确限定的范围内依法履行职责。其次,不同政府部门大多数情况下必须协同行动(如果必须行动的话),任何一个部门都不能在没有其他部门的同意下一意孤行。目的是为了避免权力的高度集中,而办法则是在以不同方式组成、负有不同宪法职能的政府机构之间进行权力分配。在这样的体制之下,政府不单受到外来的约束,而且还可以自我约束。这样的政府内部结构会最大程度地减少政府做不该做的事的机会。

这种既分立但又内在相互联系的权力结构,是洛克首先提出来的,但在孟德斯鸠那里才得到充分阐述。对于这两个人的思想,费城制宪大会的大多数代表都是熟悉的。孟德斯鸠认为,为了防止政府权力被滥用,"必须——从事物的本质来看——要用权力来监督权力",他把政府权力区分为"行政权""立法权"和"司法权"。在下面这一著名段落中,孟德斯鸠解释了其中之道理:

当立法权和行政权都集中于同一个人或同一个机关之手时,自由就不复存在了。因为人们将要害怕这个国王或议会制定暴虐的法律,并暴虐地执行这些法律。如果司法权不同立法权和行政权分立,自由也就不复存在了。如果司法权同立法权合而为一,则将对公民的生命和自由施行专断的权力,因为法官就是立法者。如果司法权同行政权合而为一,法官便将拥有压迫者的力量。如果由同一个人或是由重要人物、贵族或平民组成的同一个机构行使这三种权力,即制定法律、执行公共决议权和裁判私人犯罪或争讼权,则一切便都完了。①

孟德斯鸠的思想对这些建国之父产生了深刻的影

---

① Montesquieu, *The Spirit of Laws*, pp. 151–152. 中译本《论法的精神》,张雁深译,商务印书馆1997年版,第156页。

响,包括他所用的词汇,比如"制衡"以及含义更模糊的"权力"等,也都给他们留下了深刻的印象。甚至在今天,美国的宪法词汇基本还是18世纪的那些说法。

18世纪的宪政主义者并不是平等主义者。他们想当然地认为,他们所谓的"三权"——政府的三个权力机构——应交由有能力和有经验的人来掌握。这些人不一定要出身高贵,但必须饱受磨炼而且受过良好教育,最好还是正当成熟之年。他们不但要聪明,而且还要富有智慧,他们的智慧里必须要有一颗大公无私之心。这些智慧之士绝对不能为自己、为家人,或为某个特定社会团体谋利,而是应当为全社会的福祉着想。在致布里斯托选民的一封信里,爱德蒙·伯克这样说:

> 议会不是各种不同利益乃至敌对利益之代言人的会议——各种利益,各自主张,代理人之间亦各自为战——相反,议会应当是一个国家的议事机构,只有一个利益,是整个国家

258

的利益;在这里,地方利益和地方主张都不能作为指引,能够作为指引的应当是基于整体考虑的全体福利。①

伯克很清楚,社会有着不同的利益,甚至是敌对的利益,而有些政客则认为维护这些利益是他们的义务,或至少是他们的利益。因此,在他看来,最好是由一班富有智慧、品德高尚、可以超越各种利益的公民领袖来管理社会。正如我们在第三章所看到的,出席1787年制宪大会的代表都强烈主张新联邦政府应当聘用能力强和视野广的人才。麦迪逊强调要用那些"有识之士",就是那些既冷静而又富有智慧的人。约翰·狄金森希望新的参议院由"最优秀的人"组成。休·威廉逊担心,如果总统选举过于频繁,那些(用他的话来说)

① Edmund Burke, *Selected Writings and Speeches*, ed. Peter J. Stanlis (New York: Anchor Books, 1963), p. 187.

"最棒的人"就不会出来参选了。①

　　18 世纪的宪政主义者对于人民在一个设计合理的宪制政府里的准确定位是有不同看法的——实际上今天的宪政主义者依然如此。洛克认为，人民对于他们的统治者是拥有一些权利的，包括在特定情况下暴力反抗的权利。然而，他对于"人民"（尽管他常常使用这个词）的含义并没有太多的解释。他似乎认为，人民就是一个社会里除统治者之外的所有人。而且，由于对"人民"的概念没有作出具体界定，洛克对于人民在管理社会上的具体角色也没有什么论述。无疑，人民有权在极端情况下暴力反抗甚至推翻政府，但人民是否还应当有权利参与政府对各项事务的管理，洛克并没有提到。他主要关注的是另外的问题。

---

① Burke, *Selected Writings and Speeches*, pp. 44, 45, and 53.

洛克思想的继承人,高卢人孟德斯鸠在两个方面对人民作出了更全面的论述。他将贵族阶层与非贵族阶层区分开,认为只有后者才是人民,而且强烈建议,为选举政府议会代表之目的,人民应当包括一个地区的全部居民,"只有那些情况特别糟糕以至被认为是没有自己意志的人可以除外"。[①]从这一点来说,孟德斯鸠可以算得上是个民主主义者。与洛克不同,他认为人民应当在国家的政府事务中扮演一定角色。

但他同时也相信,人民的这个角色应当受到制衡:人民不可以胡作非为,不能(用他的话来说)"想干什么就干什么"。[②]

在这样一个(行政、立法和司法分立的)国家中,总有些人出身高贵,或者腰缠万贯,或

---

①　Montesquieu, *Spirit of the Laws*, p. 155.

②　Ibid. , p. 150.

者荣誉非凡。然而，如果让他们与广大平民混为一体，并且和其他人一样只有投一票的权利，那么，共同的自由就会成为对他们的束缚，因而就不会有丝毫的保护这种自由的兴趣。因为大多数决议与他们的意志相违背。他们在立法中享有的权利应该与他们在国家的其他方面享有的利益相对一致。如果他们组成一个团体，有权制止平民的侵犯的话，那么平民也有权制止他们的侵犯。

因此，贵族团体和由选举产生的代表平民的团体二者都应拥有立法权。二者都有各自的议会和各自的主张，以及各自的观点和利益。①

---

① Montesquieu, *Spirit of the Laws*, p. 155. 中译本《论法的精神》，张雁深译，商务印书馆 1997 年版，第 160 页。

孟德斯鸠是在描述英国宪法时说这些话的。在他心目中,英国议会上议院显然就是由"出身高贵,腰缠万贯和荣誉非凡"的人物所组成。正是本着这种想法,汉密尔顿和制宪大会的其他代表才主张新的联邦参议院在组成和权力上都应当大体上模仿英国的上议院。①

孟德斯鸠和其他宪政主义者当时认为——宪政主义者从那以后一直持这种观点——人民作为一个整体,无论在特定宪法秩序里被赋予什么样的权力,都应当通过他们选举产生的代表来行使,而无论如何都不应试图自己来行使。孟德斯鸠自己也很强调这一点:"代表的

---

① 汉密尔顿可算得上是制宪代表中对英国宪法最为推崇备至的了,认为那是"世界上最好的宪法",但他也并没有主张美国的参议院像英国上议院那样由世袭贵族来组成。参见 James Madison, *Notes of Debates in the Federal Convention of 1787*, Bicentennial Edition (New York: W. W. Norton, 1987), pp. 134-135.

很大好处就是他们讨论公共事务的能力。在这方面,人民作为一个集体则是极不合适的,而这正是民主诸多弊端中的一个。"他还补充说道,人民"不应当参与政府,只需选举出代表"。①在他看来,只有这个才是人民力所能及的事情。伯克持相似的观点,他认为英国议会是真正的"议事机构",而议会就应当是这个样子。密尔虽然骨子里是一个民主主义和平等主义者(而且还是一位女权倡导者),但也认为在自由社会里有必要在他所谓的"训练有素和手法娴熟的政府"与大多数人民所表达的意愿之间达致某种平衡。他相信,最好的宪法,就是能够把这两者有机结合起来的宪法:一方面是"由专业人士来做专业的事的好处",另一方面则是"由人民的代表所组成的机构掌握并行使总体控制权"。②密尔想

---

① Montesquieu, *Spirit of the Laws*, pp. 154, 155.

② Mill, *On Liberty and Other Essays*, p. 291.

当然地认为,在政府效率和直接民主之间存在着冲突。

约翰·肯尼迪参议员也是一位富有哲学思想的宪政主义者,他坚持认为,像参议院这样一个代议机构,其议员到华盛顿来"不是要作为某个州或某个派别的代表或辩护人,互相攻讦……而是要作为一个国家的议会议员,为一个利益而合作"。①他不认为议员必须根据选民意愿来投票。在他看来,马萨诸塞州的人民选他进入参议院不是要他"只像个地震仪一样记录民意的起伏变化"。这位未来的总统满怀着希望和期待地补充说道:

> 选民选择我们……是因为他们对我们作
> 出的判断有信心,对我们执行这个判断的能力
> 有信心,因为我们在这个位置,可以更好地决
> 定什么才最符合他们的利益,同时也符合国家

---

① John F. Kennedy, *Profiles in Courage* (New York: Harper, 1956), p. 13.

的利益。这就意味着我们有时候必须引领、了解、纠正甚至忽视选民的意见,否则我们就无法完全履行我们被选来所肩负的职责。①

肯尼迪并不是在否定选民的合理诉求,相反,他是在说选民只应当投票,而不应当发号施令;不管是选民还是其他人,都不应当认为选民有权发号施令。

因此,无论过去还是现在,宪政主义者都有着一种共同的意愿,甚至是一种强烈的愿望,就是希望政府体制建立在人民同意的基础之上,希望能找到有效的办法可以让人民参与政府的运作。确实,宪治思想的脉络还可以不断延伸,以找出更大的空间,让人民可以扮演比17、18世纪大多数宪法理论家所想象的还要大得多的角色。事实上,环顾世界,建立时间长且运作成功的民主,大多数都是宪治体制。这种宪治体制会随着时代的

---

① Kennedy, *Profiles in Courage*, pp. 16-17.

发展而吸纳选举民主的元素,但宪治体制本身并不因此而发生质变。英国便是例证。它先是君主制,然后是君主立宪制,然后再从君主立宪制转变成为代议的议会体制。再后来,随着19、20世纪选民基础的不断扩大,英国逐渐演变成为一个完全的民主制度。英国的民主体制,与其他自由民主体制一样,仍然是那些由自由和公平选举产生的代议机构在其中占据主导地位。在英国,与在大多数民主国家一样,民主已经——这么说吧——像螺丝一样与宪政主义拧在了一起。

宪政主义的核心价值和主要做法都容易概述。宪政主义的中心诉求就是好政府,而不是人民力量。好政府的特征就是温和、平衡和谦抑。决策要有度、有序,还要有势,切忌仓促和轻率。政府机构应该由能力卓越之人来负责,他们可以给公共事务的管理注入冷静、智慧和丰富的经验。共识和妥协比简单多数票决更为可取。少数人的权利必须得到保障。不允许以他人之牺牲为代价,而让任何派别的利益和观点独断专行。宪治立场者所谋求的是社会和政治的稳定,他们要保护人民的权利,但也要限制他们的权力,他们认为人民的诉求只是一个政体所承认的诸多诉求中的一个。毫无疑问,宪治思想是费城制宪大会上的主导思想。

宪政主义的概念威力无比,其背后的精神亦生机勃勃。但还有另一个概念,同样也深深地(甚至更深地)植根于美国的过去和美国人的潜意识里。这个概念并非美国所特有,给它一个最好的名称恐怕就是"激进民主",它的核心追求与宪政主义完全是南辕北辙。确实,激进民主几乎就是宪政主义的对立面——是倒立着的宪政主义。

但要对激进民主流派追踪溯源并不容易,因为与宪政主义不同,激进民主并没有什么经典著作。当然,在潘恩、卢梭的著作里可以找到一些激进民主思想的元素,但也不多,而且还有种种条件限定。实际上,激进民主从来就没有一位公认的、像洛克和麦迪逊那样有分量的思想家。与宪政主义不同，激进民主的核心思想和主张更需要经过推论——不是从伟大的哲学家的论述中，而是从各种不同的演说、小册子、传单中——才能找出来，还可以从激进民主主义者所鼓吹的特定事业的性质里间接地推论出来。然而，激进民主的主导思想并不难辨认，它们至少也与宪政主义思想一样有着内在的一致性，在某些方面甚至还有过之而无不及。无论如何，激进民主比宪政主义更直来直去，更不细腻。它的简单也许正是它最具诱惑力的地方。

其核心思想很简单，就是让人民来作主：不是由一个君主，一位知识精英，一个贵族阶层，一队专家，或者一群政治委任者来统治，而是由人民来统治。这个思想建立于两个更为具体的主张之上。首先，人民有权统治，他们在道义上有权这么做，因为他们有着高于任何其他人或任何团体的道德权利。如果必须要有政府——一些激进民主主义者并不认为如此——那么政府的存在就应当是为人民服务,而绝不能只是为社会某个阶层的利益服务。卢梭直言:"任何不获人民认可的法律都是无效的;它根本就不是法律。"①潘恩在他的著述中多次引述——而且心怀赞许——法国国民议会通过的《人权和公民权利宣言》提出的主张,即:"所有主权均来源于国民;任何个人或团体都不得行使非经国民明确授予的权力。"②用他自己的话来讲,"制定或再制定宪法、产生或再产生政府的权利属于国民。"③显然,

---

① Jean-Jacques Rousseau, *The Social Contract*, trans. Maurice Cranston (London: Penguin Books, 1968), p. 141.

② "Declaration of the Rights of Man and of Citizens", quoted in Thomas Paine, *Rights of Man*, *Common Sense and other Political Writings*, ed. Mark Phil (Oxford: Oxford University Press, 1995), p. 162.

③ Paine, *Rights of Man*, p. 206.

他这里的"国民"是指全国人民。

　　第二个支持人民统治的理由就是人民实际上适合来统治。宪政主义说到底是要讲"服从"——就是人民大众服从于更有能力的人,他们不一定是贵族精英,但肯定是才华横溢的精英。但激进民主就不讲这种服从。根据激进民主的理论,一个人要管治好或有效地参与管治,并不需要特别的培训和特殊的才能。就像法庭上的陪审员一样,他们不需要受过法律培训,也不需要有法律知识,但同样可以达致公正合理的判决,而且经常如此。同样,一个人也不需要上过名校、写过名篇或天赋过人,才可以把常识运用在复杂的事务上。在人生学堂上学到的知识更为重要。潘恩以一贯的口吻强调,在一个正式组建的政体里,每个公民都可以知道每一项建议的成本,并且会将成本与效益进行比较;"最主要的是,他不会卑躬地顺从那些在其他政府被称为'领袖'的人。"①激进民主主义者称,大多数民选议员都是根据所属政党的指引而投票,他们通常就压根儿不知道或者几乎不明白他们为什么投支持或反对票。激进民主主义者还质问,假如那些政治精英都是如此聪明机智,为什么他们会经常把事情给弄砸了?在激进民主主义者看来,假如普罗百姓掌握大权,他们必定会犯错,但在这一点上,他们与那些所谓更优秀的人并没有什么不同。

这个概念里的民主有一个推论,认为在人民与政府——这个政府(如果一定要有的话)必须由人民直接掌控——之间,应当有一条单一的、连续不断的联接线。如果政府是由人民直接掌控,就没有必要去创建或维持一个拥有多个机构并实行"分权"的政府体制。政府体制就应当像一条直线,而不是一个三角形。同样道

---

① Paine, *Rights of Man*, p. 236.

理,既然权力是直接由人民给予政府,那么就不应当有那些啰里吧嗦的"制衡"。在激进民主主义者看来,人民的统治不应受到制约;他们不能受到任何人的制约和过或不及的制衡。在一个正式组建的政体里,人民的诉求是唯一合理的诉求。谨慎和冷静并不被视为美德。有时仓促决定也未必就是坏事。如果人民在匆匆前行,那么政府就没有理由放慢脚步。如果有一天,被视为是某一界别的利益占据了主导,如果这就是人民的意愿,就让它主导好了。如果个人自由可视为一种美德,那只有人民认为是美德才行。

不用说,甚至最激进的激进民主主义者也承认,人民作为一个整体,内部不可能完全统一,同一个问题,总会有人持一种意见,其他人持另一种意见。宪政主义者对这种局面的本能反应,是用时间来换取空间,看能否达成某种妥协。而激进民主主义者的本能反应,则是让人民直接作出取舍,非此即彼。说穿了,激进民主就是多数统治。"人民统治"实际已被转换为"多数人民的统治"。潘恩如此说：

> 当任何事情提出来进行商讨的时候，就必然意味着需要作出某种决定。务必达成之共识，系以大多数的意见所形成，非如此则没有决定，也就没有秩序。人类无论在其他事情上意见如何分歧，但最终总是能达成一致，大概只有在这种情况下才有可能。①

激进民主主义者基本是不会理会"并存多数"或"超级多数"这些概念的，对他们来说，简单多数——有时候甚至只过半数——就已足够有余了。

然而，在代表的问题上，激进民主主义者之间还是有些意见分歧的。有人认为那完全是多此一举，有人则

---

① Paine, *Rights of Man*, p. 380.

认为在一定程度上是一个令人遗憾的、但也有好处的必要安排。卢梭既不属前者，也不属后者，至少在涉及立法时，他是这种取态：

> 主权是不能被代表的，同样也是不能被分割的。它的精义是全体的意愿，而意愿是不能被代表的——无论是全体意愿，或是其他什么意愿；不可能有中间路线。是故，人民的代理人不是、也不可能是人民的代表；他们仅仅是人民的代理人，他们无权对任何事情作最终决定。①

潘恩的想法更现实，也没那么多弯弯绕绕。他承认，在像美国这样一个庞大的政体里，人民唯有通过选举代表这个中介才可以进行统治。在《常识》中，潘恩

①　Rousseau, *Social Contract*, p. 141.

提请我们注意,"若(公众)同意把立法部门交给一些从全体人民中挑选出来的人来管理,这样做有其便利之处。这些被挑选出来的人理应与委任他们的人一样,有着共同的关注,他们会以同样的方式行动,就如同全体人民自己在场会采取的行动一样。"①后来,在《人的权利》中,他称赞代议机构使得人民可以自己统治一个幅员辽阔的疆土:

> 如果说雅典微小,美国则是硕大无朋。前者是古代奇迹,后者将成为现代的理想和楷模。它的政治体制形式最容易被人所理解,现实中也最为适当可行;而且,立竿见影地排除了世袭制的愚昧和不安全感,以及朴素民主(如雅典式)的种种不便。②

① Paine, *Rights of Man*, p. 7.
② Ibid., p. 233.

如果人民自己不能直接统治，他们本应可以通过代理人来统治。但是，在激进民主主义者看来，人民必须或应该自己统治。自治是他们的权利，同时也是义务。

所有的激进民主主义者都不得不承认，大小的问题——国家的疆土范围和人口数量——都必须要考虑在内。潘恩所指的"朴素民主"的发源地是古雅典，而古雅典就是个很小的地方，小到可以——至少理论上讲——让所有的公民同时在一个地方集中。一千年后，激进民主主义者想在地理范围更广、人口更多的地方寻找直接的、不经中间媒介的人民力量——或换言之，就是没有代表的民主——他们就不得不另想办法。

他们尝试的一个方向，是试图在现代环境下重建类似公元前第五、第四世纪雅典的政治机构。这实际就是试图要确保所有涉及公民的决定都在尽可能低的社会层面——最好就是在人口不超过几百或一千左右的社区——来作出。美国的激进民主主义者有着得天独厚的条件,可以知道到哪里去找出这样的社区和机构:在新罕布什尔、佛蒙特和马萨诸塞等州,长期以来就有举行民主、协商、面对面的市镇会议的传统,重大的决定都在这些会议上作出。弗兰克·布莱恩在《真正的民主》一书的前言中,十分准确地捕捉到了激进民主的精神,他这本书是关于新英格兰州的市镇会议的:"上前面来,我要告诉你,我是真正的民主的热衷者——重要的决定都由人民在现场、面对面的会议上作出,这些决定都具有法律的效力。"他接着补充说,是时候要深入考察美国的政体了。

是时候让我们回到镇里和村里去了,(那里的民主传统就像)家乡高山牧场上的处处清泉,蕴涵着条条溪流,流水源源不断地注入我国人民公民意识的水库。实行自治的小地方,既是民主科学的实验室,也是我们的自由政治与欧洲大陆政治的分水岭。①

他哀叹,市镇会议的做法没有在任何地方生根,甚至在美国也没有,尽管美国当时还搞过一个叫"市镇会议广播"的电台节目。

当然,建立直接民主、避免使用选举代表作为中介的另一个办法,就是公民的创制权和全民公决。这两个制度设计,或者两者合并使用,都可以使得公民有能力决定、或至少是影响自己或自己所在社区的命运,而不必依赖那些民选官员。另一方面,公民可以否决民选官员的决定,可以强令他们以大众的意志而不是他们自己的意志来行事。反过来,民选官员如果愿意,也可以自动把重要事情的决定权交给人民。无论具体的程序和

---

① Frank M. Bryan, *Real Democracy*: *The New England Town Meeting and How It works* (Chicago: University of Chicago Press, 2004), pp. x, xii.

情况如何,创制权和全民公决无疑都是增强人民力量的有效办法。如果,不管出于什么原因,市镇会议已不再可能,那么对激进民主主义者来讲,创制权和全民公决就是最好的选择。激进民主拒绝接受任何不把创制权和全民公决作为民主制度设计的哲学思想。

直到20世纪末,这三种制度——市镇会议、创制权和全民公决——仍是大型、成熟的民主制度中仅有的选项,可以用来解决如何将真正的人民力量变为现实这个问题。然而,随着个人电脑、互联网以及各种形式电子通讯手段的出现,突然之间,无论多少人,无论来自多少不同地方,他们要分享信息,交换思想和意见,甚至投票反对和支持太阳底下的任何建议,都变成轻而易举的事了。原则上讲,未来应当可以举行电子全民公决,以决定从税收到战争与和平等各种事务,投票地点可能就在家里灭火器与宠物狗狗小窝之间的某个地方。

可以预料,新的电子可能性注定还是要在宪政主义者和激进民主主义者之间形成鸿沟。相比之下,激进民主主义者更是兴高采烈,认为纯粹民主眼看就是唾手可得的了。得益于技术的进步,普通老百姓终于不需要任何中间人的介入即可以作出自己的决定了。不再需要任何作为中间人的政治领袖、选举、代议机构。相当于传统市镇会议的电子市镇会议可以永远都在开会,这样的电子市镇会议很容易就可以在全世界或者全球建立起来。用一位评论家的话来讲,"互动信息技术有可能打造出21世纪的电子版雅典卫城会议——在2500年前,雅典市民在那里举行会议,实行自治。"①在激进民主主义者看来,电子民主可以让公民掌握更多信息,提高公民对公共生活的参与度,让普通老百姓可以制止那

---

① Lawrence K. Grossman, *The Electronic Republic*:*Reshaping Democracy in the Information Age* (New York:Viking, 1995), p. 49.

些横行霸道的"特殊利益",而且,更重要的是,可以把终极的政治权力直接交回到人民的手里。

宪政主义者对所有形式的电子民主,都没有那么乐观和兴奋。市镇会议固然很好,但正是在市镇会议上,苏格拉底被判处死刑,而正是被苏格拉底的学生阿尔西比亚德斯操控的另一个市镇会议,发动了雅典对叙亚古库斯灾难性的远征。在互联网时代,大多数人获得的是不准确的信息,他们没有时间,或者也不愿意花时间去对一个问题的信息进行全面核实,更不要说对成堆成筐的问题了。很多(也许大多数)人说到底并不都是那么机灵。他们想不了太远,很容易就会被一些似是而非的观点所支配。他们也难以看出表面上没有任何关联但实质上互为作用的事务之间的内在联系。还有,电子交流,无论数量有多大,都无法等同于面对面的反复讨论和协商,而只有这种面对面的反复讨论和协商,才更有机会作出明智的决定。况且,电子民主和任何形式的民主一样,都有可能是作出——就像在雅典一样——纯粹的多数决定,这种决定不会容纳少数人权利,不会向少数人权利妥协,而且还有践踏少数人权利的危险,甚至是直接的危险。到头来,与任何形式的民主一样,电子民主的议事程序几乎不可避免地要偏向那些财团、既得利益集团、技术专家,以及那些时间上耗得起的人。宪政主义者,与其他对网络持怀疑态度的人一样,认为互联网虽然被认为有诸多好处,但可能会"加大那些公共事务的热衷者与麻木不仁者之间的鸿沟"。①

平心而论,在 21 世纪,很少有激进民主主义者会坚持认为电子民主应当完全取代现有的各种形式的

---

① Pippa Norris, *Digital Divide*: *Civic Engagement*, *Information Poverty*, *and the Internet Worldwide* (New York: Cambridge University Press, 2001), p. 98.

代议民主。而大多数的宪政主义者也承认,现代各种通讯手段使得新技术为代议政制所用成为可能。比如,一些激进民主主义者和宪政主义者都同意,不同形式的"协商轮询"——市民代表分成小组,集中几天时间一起开会,听取情况报告,研究解决具体问题——或许就是一种可行方式,但不是作出最终决定,而是让有权作出最终决定的人获得充分的资讯。大多数激进民主主义者,无论他们有多激进,都不会鼓吹不受制约的多数主义。

然而,宪政主义者与激进民主主义者在电子民主上的分歧,正如在许多其他宪法设计问题上一样,是带有根本性的。不出所料,正是在美国,通过新技术让更多市民参与政府决策的呼声最为高涨,此起彼伏。对美国人来说,电子民主听起来就是民主的,而民主就是好东西。对于成千上万的美国人而言,电子通讯有一个听起来很荒谬的好处,就是可以让他们施展技术魔法,重造一个早已失落的世界，让人与人之间，无论是基于共同利益或是出于共同的情感，都可以直接联系。荒谬的是，新技术深深地撩拨起美国人对过去小市镇生活的怀旧情感，不仅仅是在政治上，而且也在其他许多方面。毕竟，地球村是一个村，而不是一个城市。

在美国人的祖宗神龛上，同时立着两个敌对的神灵，同时都有成群结队的人公开地顶礼膜拜，这种奇葩现象在本世纪初依然可见。那就是由美国草根阶层发起的"茶叶党"运动——取名自1770年代那些人，他们伪装成美国本地人，为抗议英国政府强征新的茶叶税，登上停泊于波士顿港的船只，把几十箱正准备卸船的茶叶扔进海里。"茶叶党"运动的口号里有着一种对宪法既深沉又持久的崇敬——该运动草拟的"美国的合同"共十条，头一条就是"保护宪法"。他们态度十分坚决，要求美国的政治人物——国会、总统，甚至包括法院——都必须尽其所能去做美国人民要求他们做的事，而不要做任何美国人民不希望他们做的事。①该运动有许多网站，其中一个网站 JoinTheTeaParty. us 在使命陈述中要求"把合众国归还于各州和各州人民，而美国宪法亦是为此而写的"，但同时他们又坚持，"最聪明的是'我们人民'，而不是那些政治人物!"②"茶叶党"的大多数活跃分子似乎都把美国宪法、《独立宣言》《联邦党人文集》，以及建国之父中任何一人说过或写过的东西全部混为一谈，却明显忽略了这个事实，即费城制宪大会与会代表的主要目的之一恰恰就是创建一个强大的联邦政府，而他们正是为此才走到一起的。大多数"茶叶党"人所表现出来的这种对自己国家早期历史的无知，确实让外国人有点目瞪口呆。

但本章的目的不是要在宪政主义或激进民主之间

---

① http：//www. thecontract. org/the-contract-from-america.

② http：//www. JoinTheTeaParty. us/intro. html.

作出选择,而仅仅是要指出这两种不同概念的政治是现实存在的,而且它们之间隔着一条鸿沟。然而,这两种概念都是美国政治传统的重要组成部分,也同时共同构成了如今美国政治制度的基础。现在,我们可以利用我们那个"两个构造板块"的比喻,来对我们在第一章提到的美国政治制度中那些让外国人不知所以的谜团一一进行分析了。

7

一整套解析

　　美国宪法在获得通过两个多世纪后依然能那样牢牢地抓住美国人的心,着实让人惊叹不已。那些建国之父们的在天之灵如对此有知,必是既惊又喜。宪法就是美国的世俗《圣经》,它的文本被不断翻印,出现在学校课本上,或以便携式小本子发行,或刻印在旧式羊皮卷上。在美国,如果说一个行政行为或一项国会立法"违宪",就等于是宣布它无效。美国最高法院绝非一个普通意义上的法院。它就像是基督教或犹太教的教会法庭,作出的都是带有神圣权威的判决。尽管法官之间意见常有不同,而且每个法官的意见通常都可以预料,但这对最高法院的权威性并不会有丝毫影响。在 21 世纪,任何一个美国总统做梦都不会说出像安德鲁·杰克逊当年说过的话:"既然约翰·马歇尔作出了他的决定,那就让他去执行吧。"法庭的话就是上帝的话! 甚至对判决强烈不满的人,也是这样认为的。

在许多国家,宪法立了又废,废了再立,来来去去,反复无常。英国作为世界上最古老、最稳定的一个民主国家,则连一部成文的宪法典也没有。加拿大直到最近才拥有自己的宪法。大多数民主国家都有成文宪法,但它们的宪法都相对容易修改,有些更是频繁修改。法国——这个自第二次世界大战以来就是自由民主的国家——1945年后就曾有过两部几乎完全不同的宪法。大多数地中海国家,比如希腊、西班牙和葡萄牙,都曾有过不少于两部宪法。在大多数民主国家,法院在宪法解释上扮演的角色非常有限,或者根本没有。有些国家的宪法,比如荷兰宪法,特别规定法院不能宣布议会的立法违宪。世界上几乎没有哪个宪法法院拥有如同美国最高法院这样的权力和地位。唯一的例外可能是德国。德国战后的宪法——基本法——主要是由熟悉并深受美国模式影响的政治人物和政治学者所起草的。

美国宪法的政治构造甚至在华盛顿特区的建筑物上都有所体现,而华盛顿就是美国人的朝圣之地,这是其他首都城市无法与之相媲美的独特之处。国会山占据华盛顿的制高点,最高法院大楼像一座希腊或罗马的神殿,只有白宫显得有些平淡无奇。1787 年宪法把国家元首和政府首脑都集中在一位"最高长官"身上,这种安排让美国人对宪法更是尊崇有加。美国总统与其他国家元首不一样,既担任纯粹礼仪或象征性的角色,也行使实际的政治权力。他(很遗憾,至今还没有出现一位女性总统)同时既是君主也是首相。这样安排反而大大地提高了他的地位。美国人都会尊敬总统这个职位,但只要他们愿意,则都可以对任何在任总统骂个狗血淋头。茶巾上所印的已故总统头像、诸多的总统图书馆,还有拉什莫尔山上的雕像,都说明了美国人对总统职位以及对创造这个职位的宪法是何等的忠心耿耿。英国人会高唱"天佑女王",但肯定不会唱"天佑首相"。美国人则会不自觉地肃立致敬:"首长好!"

绝大多数美国人都尊重甚至崇拜宪法。民意调查根本就懒得去问受访者有关美国宪法的问题,因为如果问,得到的答案肯定全都是正面的。事实上,就宪法的民调始终都显示,80%以上的美国人都认为美国现行宪法"非常好"或者"好",不希望作出任何重大改变。只有5%—10%的人认为宪法需要作出重大改变,或者干脆整个儿废除,以完全不同的东西取而代之。①外国移民归化为美国公民时要宣誓"拥护并捍卫美国宪法和法律",美国总统当选人在就职典礼上要宣誓或庄严宣布将竭尽所能去"维护、保护和捍卫美国宪法"——不是

① 参见 Rasmussen Reports,July 1,2010,http://www.rasmussenreports. com/public _ content/politics/general _ politics/june_2010.

民主本身,而是宪法。

但与此同时,美国依然是世界的民主主流。美国人对他们的建国之父们所缔造的政府有着深深的不信任,因此坚持要对政府有更多的控制。在许多民主国家,特别是在欧洲,人民都乐于接受在统治者和被统治者之间长期形成的、想当然的、单调无聊的分工。"他们"决策,"我们"遵从(有时甚至是消极的服从)。但美国人不会这样,他们要来作决策。欧洲人骂政府,举行反政府示威,也时常打心眼里鄙视政治领袖,但他们接受国家(这个国家是某种在他们身外的东西)就是生活的一部分,享受不了,就忍受着点。美国人不会就此罢休,他们要求政府去做假若他们亲自当政就必然会做的事。许多美国人的立场就是"纯粹民主"。①

_____

① 关于"纯粹民主"(pure democracy),参见 Benjamin R. Barber, *Strong Democracy*: *Participatory Democracy for a New Age* (Berkeley, University of California Press, 1984).

一边是 18 世纪的宪政主义,另一边是近现代以来对更多民主的持续追求,美国政治生活中的这种张力,正是我们在第一章所描述的美国 21 世纪政治制度里诸多谜团的根源所在。美国的这两个思想板块始终相互牵制,你来我往,摩擦不断,经常产生相互矛盾的结果。

其中一个自相矛盾的情况就是对谁可以成为美国总统——因此也就是对美国人民可以选谁来当总统——所作出的那些既难以理解又完全不民主的限制。建国之父们在 1787 年宪法里,坚持美国总统必须要年满 35 岁以上,他们作出这个限制也许有他们的理由。但奇怪的是,自从 1787 年以来,没有人真正尝试过争取废除这一限制,或至少把年龄稍为降低一点,比如 30 或 25 岁,这样既与大多数民主国家的做法一致,也与现行众议员和参议员的年龄要求一致。

然而,1787 年宪法对人民的选择权还有一个异乎寻常的限制,就是总统不但要年满35岁以上,而且还必须是"生为合众国公民"。多少美国人,尽管是美国公民,但仅仅因为出生时不是美国人,想当总统的资格就被剥夺了。美国宪法的这一规定,被认为是"最不美国的""公然歧视的",是宪法中"最愚蠢的条款"和"最糟糕的规定"。①曾经因为这一规定,数以百万计的这一类美国公民中,有超过700位曾为保卫祖国浴血战斗过并被授予国会荣誉勋章的人被认定没有资格成为美国总统,或者说没有资格竞选成为美国总统。②然而,要求废除这一规定的呼声从来就不高,而个别议员曾经提出的相关宪法修正案,国会也都从来没有认真讨论过,更没

---

① 引自 Sarah P. Herlihy, "Amending the Natural Born Citizen Requirement: Globalization as the Impetus and the Obstacle", *Chicago-Kent Law Review* 81 (2005): 275–300, p. 275.

② 引自 Herlihy, "Amending the Natural Born Citizen Requirement", p. 276.

有予以票决。不愿意改变这一现状的心态为什么如此普遍，其背后的因素是复杂的，其中既包括了某种程度的本土情结（认为美国总统就应当是"真正的"美国人），同时也是出于对建国之父们这些前辈的智慧的无比尊崇。（"敢于违背建国之父们的智慧，是需要勇气的。"）①

此外，美国人民的选择权利还受到另一项限制，但这项限制不是建国之父们于 18 世纪作出的，而是国会以及大多数州在第二次世界大战之后所强加的。我们稍后再对那一新条款进行探讨。

宪政主义和激进民主这两种不同诉求的博弈，还产生了另一个悖论，那就是在全民公决问题上的冰火两重

---

① 引自 Thomas E. Cronin, *Direct Democracy*：*The Politics of Initiative*，*Referendum*，*and Recall*（Cambridge，MA：Harvard University Press，1989），p. 171.

天:绝大多数州都热衷于全民公决,在不少州还是创制性全民公决;但在全美范围内,从来没有举行过全民公决或者创制性全民公决。在联邦层面上,美国是一个彻底的"无全民公决区",这在民主世界是极不寻常的。让这一奇怪现象更奇怪的是,美国领导人还经常敦促其他国家举行全民公决,却从不考虑在自己国家搞一次全国性全民公决。在美国,唯一接近于全国性全民公决的活动,就是那些偶尔专门为农民所作出的安排,以便他们讨论决定某些农产品的市场配额。这是一个如此明显的自相矛盾,怎么解释?

当然,美国也时常有人主张搞全国性全民公决。美国人有热衷于激进民主的,所以如果没有人主张全民公决,那才是天下最奇怪之事了。早在美国西部各州越来越多地使用全民公决之前,"进步时期"所成立的两个组织——"确保大多数统治非党派联盟"和"人民统治全国联盟"——都主张实行全国创制性全民公决。1912

年总统选举三位主要候选人中的两位,即西奥多·罗斯福和伍德鲁·威尔逊,都曾公开地赞成全民公决,尽管只是点到为止。威尔逊后来在接受一家报纸采访时甚至说:"(人民直接立法)在全国范围推广开来,只是一个时间问题。"①在第一次世界大战之前以及在两次世界大战之间,包括一些重量级政治人物都曾呼吁修改联邦宪法,以便让人民来投票决定美国是否要参战,当然,除非是美国已被攻击或入侵。1938 年,富兰克林·罗斯福被迫无奈给众议院议长写了一封信,信被当众宣读:

> 我必须坦率地讲,我认为此项修订建议实
> 际不可行,亦与我们的代议政府不符。

---

① 引自 Thomas Goebel, *A Government by the People*: *Direct Democracy in America*, *1890 – 1940* (Chapel Hill: University of North Carolina Press, 2002), p. 127.

> 我们的政府是由人民通过他们自己挑选的代表来执政的。这样一个自由的代议政府形式,是人民执政唯一可行的办法。这是我们那些建国之父全体一致同意的。①

日本在亚洲以及德国在欧洲的侵略战争,使得对"战争全民公决"的支持度逐渐退去,但对全国性的公民创制和全民公决的追求,就如同对直接民主的追求一样,在 20 世纪后期再起波澜。在政治光谱的一端,是反"越战"的左翼人士以及诸如"纳德尔奇袭队"这样的消费者权益团体,他们要求在宪法里增加一个"选民创制修正案"。还有俄勒冈州州长附和表示,增加这样一个修正案可以"用来把公共政策的控制权从特殊利益集团手中夺回来,并交回给受其影响的人们——人民"。②在

---

① 引自 Cronin, *Direct Democracy*, p. 171.
② Ibid., p. 172.

政治光谱的另一端,是保守派和右翼的民粹主义者,包括巴里·戈德华特(1964 年共和党总统提名人),国会议员杰克·坎普、帕特里克·布坎南、凯文·菲利普斯,以及无党派经济学家亚瑟·拉费尔,他们的路径各异,但殊途同归。他们要求制定一个国家层面的公民创制程序,认为这样有利于动员右翼的大多数。他们相信美国存在着这样的大多数,而且一旦把他们动员起来,就可以把那些掌权的精英自由派赶下台——在右翼人士看来,正是这些人控制着华盛顿政府。坎普对他的追随者表示,全国性的公民创制可以"让你在平衡预算、降低所得税、税率上限等诸如此类问题上直接投支持或反对票"。拉费尔则称:"代议民主踌躇不决,不堪重负,直接民主可取而代之。"① 1970 年代,几十位政治取向不同的国会议员,都有意推动引入公民创制和全民公决,而

① 引自 Cronin, *Direct Democracy*, p. 173.

参议院司法委员会实际上还于 1977 年就此议题举行过听证会。

但这些都是不了了之，没有什么结果。美国人无论对本州政府会有多少怨言，但对 1787 年宪法所确定的现行联邦政治体制则是始终如一地信赖，尽管其中并没有规定任何形式的直接民主或任何形式的直接问政于民。同样地，尽管很多美国人热衷于直接民主，但对全国全民公决则总是望而却步，因为他们知道，举行全国全民公决必定耗资巨大，而且全民公决非此即彼，不能妥协，无法回旋，所以势必会导致严重的社会分裂，造成大量的公决失败者，而其中那些身处文化冲突地区者，会因此备感不安。毕竟，现行代议制度为众所周知，且历史悠久，又是经建国之父们所亲手制定。因此，我们看不到美国人吵着闹着非要举行全国性全民公决不可。

在美国举行全国性全民公决，如果不是肯定违宪，至少也是超越宪法之外的。仅此事实，已是大碍。况且,若要举行全国性全民公决,就需要通过一个有关全民公决的宪法修正案,或者制定一项允许搞全国性全民公决的普通立法。但这项宪法修正案或普通立法都需要在国会两院获得通过,前者需要三分之二多数,后者则只需简单多数,而普通立法还需要提交总统签署。这样的宪法修正案或专项立法,国会通过或总统签署的机会几乎是零。自私地讲,他们都不愿意看到自己的权力、地位和权威受到任何削弱。不自私地讲,他们绝大多数都与富兰克林·罗斯福一样,认为经常、甚至偶尔搞全民公决,对像美国这样一个幅员辽阔、情况复杂的国家来讲,有效管治就无从谈起了。在他们看来,这种全民公决"实际上就不可行"。

因此,这一怪现象仍然存在:在州层面被广泛接受且普遍使用的全民公决制度,在联邦层面则压根儿不存在,甚至近年来已鲜有人提及。在一个角力场,是宪政主义获胜,在另一个角力场,获胜的则是直接民主。美国政治的两大构造板块在这里擦肩而过,没有引发地震,甚至连晃动一下也没有。然而,尽管这个自相矛盾的现象可以解释,但它毕竟还是一个悖论——民主就在民主的家里被矮化了。那些建国之父的在天之灵如果对此有知,恐怕又要笑了。

另一个相似的悖论没有那么严重,也没那么突出:对不称职或不合适议员的召回权。这个召回权在十几个州是有的,但在联邦层面则没有。试图召回国会议员的事,时不时都会有人去做,但都会在法院里受到挑战,而且很可能被认为不合宪。美国宪法的制定者并不愿意赋予选民或州议员这样的权利,这是毫无疑问的。如果要修改宪法以提供这一权利,则需要国会两院三分之二多数的同意——要知道,火鸡是不会同意过圣诞节的,尤其是当它们得知自己将被宰了端上餐桌。至于召回美国总统,则连现任总统的所属政党内部最强烈的反对者,也不会去动这个可怕的念头。在这一点上,建国之父们可以继续高枕无忧了。

建国之父们会感到意外的,倒可能是美国最高法院和联邦法院在 21 世纪被赋予的权力和地位。因为在宪法里,建国之父们并没有给予这些法院如此广泛的权力,至少是没有任何直接的授权。但是,他们当中的不少人,包括麦迪逊,毫无疑问都希望有一个强大的司法权,既能造法,也能执法。一个强大的司法权与宪政主义理论是完全一致的,但与激进民主思想就不那么合拍了。

最高法院被赋予的权力和地位,在 2000 年岁末两个月的事件中,得到了令人瞠目结舌的写照。人民在 11 月 7 号投了票。但到底是哪位候选人赢得了佛罗里达州,发生了争议。按要求,重新做了一次机器点票。11 月 26 日,佛罗里达州务卿宣布,根据重新点票的结果,两位候选人中的一位以微弱多数胜出。败方上诉到佛罗里达州最高法院。该法院命令进行全面的重新点票。但是胜方从佛罗里达州最高法院上诉到美国联邦最高法院。12 月 4 日,联邦最高法院作出命令,在本案聆讯之前,正在进行的全面重新点票必须停止。12 月 11 日,案子开审。12 月 12 日,美国联邦最高法院裁定,已没有足够时间让佛罗里达州最高法院组织一次符合宪法的全面重新点票,因此,佛罗里达州务卿原来的决定应维持有效。这就把事情了了。12 月 13 日,败诉的那位候选人承认在这次总统选举中失败。

这件事的整个过程有两个特征值得注意。第一,到最后,是美国联邦最高法院,而不是由佛罗里达州人民,决定谁赢得了那次选举。选民所投的选票没有进行全部重新点算。另外,尽管对谁在佛罗里达州胜出存在重大疑问,但佛罗里达州人民没有机会重新投票——这在许多其他国家是可以的。选举没有重新再搞,实际上,重选的可能性连考虑一下的机会也没有。这样一个极具政治性的决定——在美国甚至是最高的政治决定——不是由人民作出,而是由非民选的法官作出。第二个特征就是美国人当时都普遍接受最高法院的九位法官有权决定佛罗里达州的选举结果。人民的意志或至少是人民的选择权明显受到了压制,但并没有因此导致社会动乱,最高法院也没有因此遭到围攻。人民,包括对此结果不满的那些人,都接受最高法院的判决有效而且合法。几个星期后,获最高法院判定赢得选举的那个男人宣誓就任总统,没有受到任何抗议。在激进民主与宪政主义的持续抗衡中,宪政主义难得一次像这次这样取得完胜。

法官,特别是联邦最高法院的法官,在美国政府中扮演的角色远比在其他国家重要得多。正如托克维尔一针见血地指出:"在美国,几乎所有政治问题最后都会成为司法问题。"[①]与其他国家相比,美国的历史更多地

---

① Alex de Tocqueville, *Democracy in America*, ed. J. P. Mayer and Max Lerner, trans. George Lawrence (New York: Harper & Row, 1966), p. 270.

因为其最高司法机构的判决而改变轨迹:在马伯里诉麦迪逊案(1803 年),最高法院自作主张,由它来决定国会的法律是否违宪从而无效;在麦克洛克诉马里兰州案(1819 年),最高法院认定,国会不但拥有宪法明确赋予的权力,同时还拥有这些明确赋予的权力所隐含的其他权力;在斯科特诉桑德福案(1857 年),最高法院裁定,黑人不是、也不能成为美国公民;在普莱西诉弗格森案(1896 年),最高法院认可各州为黑人提供"同样但隔离"设施的法律;在洛克纳诉纽约州案(1905 年),最高法院宣布一条限制员工每周工作时间的州法律无效;在新泽西标准石油公司诉美国案(1911 年),最高法院命令解散该公司,理由是其违反了谢尔曼反垄断法;在阿德金斯诉儿童医院案(1923 年),最高法院认定哥伦比亚特区一条规定妇女最低工资的地方条例违宪;在谢克特家禽公司诉美国案(1935 年),最高法院宣布罗斯福新政的一项重要立法无效;在布朗诉托皮卡教育局案

（1954年），最高法院推翻自己在普莱西诉弗格森案作出的判决；在贝克诉卡尔案（1962年），最高法院授权地方联邦法院受理联邦国会选区划分的问题；在吉迪恩诉温赖特案（1963年），最高法院裁定，州以及联邦法院都必须尊重被告由律师代表出庭的权利；在罗诉韦德案（1973年），最高法院裁定几个州严禁堕胎的法律违宪；在宾州东南部计划生育组织诉凯西案（1992年），罗诉韦德案的判决在一定程度上被修正；此外，还有裁定总统选举结果的布什诉戈尔案（2000年），等等，最高法院作出的重大政治决定还远远不止这些。诸如堕胎、死刑、同性婚姻等问题，在其他国家都是由民选的立法机构来决定，而在美国则都是——尽管通常都极富争议性——由法官来作决定。

既然如此，要求联邦法官和州法官都由民选产生的呼声理应越来越高。然而，事实并非如此。联邦法官若由选举产生，就必须先修改宪法加以明确规定，但这样的宪法修正案从来都没能拿到国会来进行讨论。除了在个别学术场合,这个问题实际上很少被认真考虑。其中一个原因,可能是法院——尤其是联邦最高法院——从来都不会过于偏离公众意见,而是紧扣时代脉搏,与时俱进。比如在1930年代,最高法院最终还是从善如流,对罗斯福的新政立法予以更多的尊重。此外,最高法院的组成人员虽然亦有庸才,但绝非都属平庸之辈,相反,他们中的大多数都是享有盛誉的杰出英才。况且,与总统、国会这两个设置一样,最高法院也是由建国之父们亲自缔造的,因此有着同样的崇高地位。如果联邦法官需要由选举产生,就必须对宪法进行修订,这样一个需要参议院三分之二多数通过的宪法修正案,在有权确认或不确认总统提名的法官人选的参议院,几乎是不可能获得通过的。

美国政治制度里另一个明显反常的特征,当然就是一直被诟病的选举人团制度。选举人团也许是建国之

父们所创造的唯一 一个真正笨拙的机构。几乎没有美国人能说出一个被选入选举人团的人。选举人团从来都不以集体方式运作,甚至在州里也不是。选举人团就是简单地投票,没有辩论,也没有讨论。最初的设想,选举人团只是作为一个设计,以避免总统由国会和人民选举产生——"人民孤陋寡闻,容易被别有用心者误导"——现在,总统选举实际上已演变为人民直选,选举人团的作用顶多就是把选举结果记录在册。这个制度的批评者认为——它的拥护者也不否认——选举人团的存在强化了大州在总统选举中的重要性。批评者还认为——它的拥护者也不否认——选举人团在某种意义上讲是一个不民主的机构,因为即使在今天,尽管所有选举人都是由人民直选产生,但在选举人团选举中胜出的人并不一定是赢得最多人民选票的人。曾在四次总统选举中——最近一次是 2000 年选举,以选票计算的失败者却在选举人团中胜出。凡此种种之外,还有一个更不民主的可能性，即，如果没有任何候选人在选举人团中获得绝对多数，总统选举就必须交由众议院进行，众议院内每个州只能投一票——大如加利福尼亚州和小若怀俄明州都一视同仁。

所以毫不奇怪，至少自从 1880 年代以来，关于重组或废除选举人团制度的建议多如牛毛。关于修改宪法相关条款的建议就提出过六百多项。最简单——因此看上去也是最民主——的建议，就是以真正的全国普选代替现有的选举人团，在联邦任何地方投的票都与在其他地方投的票一样计算。五十个州的面积大小，就不再是一个问题。当然还应当有一个关于决选的条款，因为可能没有任何候选人获得超过（比如说）40% 的选票。更为复杂的建议也有，其中一个是保留选举人团，但要求每个州都采取比例原则，即每个州所应得的选举人票，应该是根据每个总统候选人在该州所获得的民选票来按比例确定。联邦宪法已经允许各州自行决定如何分配他们的选举人票,缅因州和内布拉斯加州的做法就不同于其他各州普遍采用的做法——"赢者全得"。

然而,关于选举人团制度存废问题的讨论都是议而不行,没有任何跟进的行动。1969 年,一个关于实行总统全国普选的宪法修正案在众议院轻松获得通过,但最终还是过不了参议院。十多年后,一个类似的修正案在参议院就没获得通过,因此永远也到不了众议院。也许多少让人意外的是,2000 年大选后,国会居然没有人提出要对选举人团制度进行改革。相反,他们关注的是如何改革当时仍在实行的联邦选举由各州各自举办的有关安排。事实似乎是,选举人团尽管看上去不够民主,但肯定也不是一个让大多数美国人不开心的完全不民主的机构。民选的赢者通常也是选举人团的赢家。甚至在 2000 年,两位最领先的候选人,他们之间民选票的差距也十分微弱。可以肯定的是,选举人团尽管是一个奇怪的制度,但美国人似乎并没有因为它的奇怪而感到困扰,任何要彻底改革或废除这个制度的宪法修正案,在国会或各州都难以获得较高的支持,除非和直至总统常常是以极低的民选票当选。到那时,在 1787 年宪法和民主多数主义之间的张力将达至临界点,极有可能发生强烈的宪法地震。①

美国的政治制度诞生之时是一个宪政制度,但随后注入了一系列与不同思想和激进民主的理想更为一致的发展。激进民主的出现并没有取代原来的宪政体制,但一定程度上改变了它的运作方式。另一方面,尽管时常受到现行宪政体制的制约和限制,但激进民主也从来

①　反对选举人团的人一直都主张搞一个"全国民选票协议",以便使各州的选举人团都把选举人票投给在全国赢得最多民选票的候选人。有好几个州的议会投票决定加入这个协议,但远不够所要求的法定多数。此举的目的当然就是为了确保民选票的赢者就是选举的实际赢家,同时还绕开搞一个正式的宪法修正案以达到同样目的的麻烦。

没有因此而完全退却。民主改革的浪潮,一旦涌入,就鲜有退去的。

然而,在 20 世纪末,随着任期限制的引入和推广——首先是对联邦总统的任期作出限制,其次是不少州也陆续或零星地开始对民选官员的任期作出限制——这股民主改革的浪潮终于有所退却。任期限制,无论怎么说——尽管可以说很多——也不是一个民主的做法。从现实以及效果来看,它都是不民主的,甚至是反民主的。它限制了人民选择的范围,放松了人民对其代表的管控。由此可见,在美国引入任期限制,是与美国整个政治发展史完全违背的。仅此一点,已难以解释。

对美国总统任职次数的严格限制,并不是由建国之父们在 1787 年费城制宪大会上作出的,而是第二次世界大战之后,由国会两院以及当时那 13 个州中的大多数州所作出的。正如我们在第三章所看到的,出席费城制宪大会的部分代表确实担心,假若总统可以有多个任期,那么美国的最高长官就有可能慢慢蜕变成某种意义上的君主。然而,亦正如我们在第三章所看到的,大多数代表担心真会有出现君主的危险。对绝大多数代表而言,一旦明确总统是由选举人团而不是由州议会选举产生,那么他们就可以接受总统和选举人团一样,可以有多个任期,每四年选举一次就可以了。罗杰·谢尔曼"反对到期轮换,因为这样实际上会把最能胜任这个工作的人撵走",而詹姆斯·威尔逊则不希望看到优秀的人"像废铜烂铁一样被扔在一边"。[①]这就是建国之父们的观点,这个问题就这样搁置了大概一个半世纪。选举人团——实际上就是全体美国选民——可以重选同一个人,愿意选几次就选几次。大多数美国选民似乎都相信,是否要再选举在任总统是他们不可分割的权利。然

---

① 参见上文 p. 54.

314

而,第二次世界大战之后不久,他们就失去了这个权利。国会两院以三分之二多数通过宪法第二十二条修正案,规定从今以后,总统最多只能有两个任期,每个任期四年。这个修正案很快也得到那些州中的五分之四以上多数州议会的批准。如此规模的大反转,在美国民主的正常形态中,几乎是史无前例的。

确实,在1940年以前,从来没有一位在任总统曾谋求第三个任期。许多美国人,包括许多美国政治家,都坚定地认为总统任期不应超过两届已作为一个非正式但稳固的宪法惯例被确定了下来。但是1940年,富兰克林·D.罗斯福打破先例,竞选第三个任期,而且成功连任。然后在1944年,他再次竞逐第四个任期,而且以较大优势再次当选。假如罗斯福是一位万众敬仰的人物、一位当代的乔治·华盛顿,那么先例被打破恐怕也不算个什么事儿——至少肯定不会导致后来的第二十二条宪法修正案。但罗斯福并不是这样一位万众敬仰的人物,而是一位极具争议的人物,有人恨,也有人爱。他的巨大成功使得恨他怕他者担忧以后会出现类似的可恨之人,所以他们下决心一定要改变这个让罗斯福可以不断连任的制度。因此,罗斯福的敌人既要报复过去,又要确保未来。

关于这个设定任期限制的宪法修正案的讨论,难免极具政党色彩。几乎没有例外,那些反对罗斯福新政的人都赞成设定法定的任期限制,正如南方保守派一样,只不过南方保守派更多的是害怕像罗斯福这样长期在位的总统会迫使南方州接受黑人和白人都拥有投票权。另一厢,支持新政并视罗斯福为英雄的人都反对设定法定的任期限制。最后,当第二次世界大战后这个宪法修正案正式提出时,全国上下几乎所有的共和党议员,包括在国会山的和在各个州的,都投了赞成票,而全国上下几乎所有的民主党议员,除了南方大多数的保守派民主党人之外,都投了反对票。对这里所发生的这一切,专门研究美国宪法修正案的历史学家这样总结道：

> 总统任期限制修正案的党派性质非常明显。在国会投票的所有共和党人都赞成这项立法。但修正案须获得国会三分之二多数支持才可通过，故其余票主要来自反对新政的南方民主党保守派。除了这些"老南方"之外，国会里只有 10 位民主党人支持这个修正案……在这个问题上，共和党的团结和民主党的分裂（因派别利益）在州议会内依然如故。①

如此势不两立的党派之争是决定性因素。在此之

---

① David E. Kyvig, *Explicit and Authentic Acts：Amending the U. S. Constitution，1776-1995*（Lawrence：University Press of Kansas，1996），p. 331.

前曾提出过的设定总统任期限制的建议,没有一个可以往前推进,因为大家都知道,这样的建议绝不可能获得通过。但是在 1946 年,也就是罗斯福去世后不到两年,共和党人掌控了国会两院,这是自 1920 年代以来的头一次,同时也是共和党几十年来头一次掌控了大多数州议会。1947 年,国会以所必需的三分之二多数通过了第二十二条修正案,随后四年,四分之三多数州也核准通过。今天,这个修正案依然有效。它得以诞生,并不是因为人民的呼声,而是要归功于一次史无前例且多少有些奇怪的政治和选举形势的叠加作用。大多数美国公民,就算他们知道有这个宪法修正案,也许并不知道这个修正案的通过,几乎等于逆转了美国在此之前看来不可逆转的民主进程。有些人,其中包括罗斯福的无数崇拜者,则不是十分理直气壮,因为事实是,罗斯福确实违反了一个长期形成的准宪法惯例。

　　第二十二条宪法修正案的通过还有一个值得注意

的特征,就是辩论双方各自提出的观点。双方几乎都不是在讨论同一个问题。他们不是直接对抗,而是瞄着要害搞偷袭。赞成设定任期限制的,极言要遏制罗斯福当政期间总统和联邦政府权力不断膨胀这种势头,声讨"任何总统利用职权和公款加固自己的权力,在两个任期结束后不但不离任,反而还要利用总统权力以让自己永远在位"。①他们警告,终会有一天,一位长期在位的总统将变为一个独裁者。这正是他们所看到的危险,他们还有人举希特勒为例证。南方的民主党人——从他们的角度看,也不是没有道理——也反对联邦政府的不断扩权,并指责华盛顿侵犯那些州的原有特权。

然而,令人惊讶的是,第二十二条修正案的支持者大多数都小心翼翼地回避这个问题,即这个修正案若获得通过,将对美国人民的权利所带来的损害。这正是修

---

① 引自 Kyvig, *Explicit and Authentic Acts*, p. 327.

319

正案反对者抓住的一点,他们指出,人民的权利以及他们的选择范围将因此而受到严重限制。事实上,反对者是将这个修正案的反民主本质作为他们的主要进攻武器。一位来自肯塔基州的民主党人提醒众议院,以前的宪法修正案都是扩大民主,而这个修正案则是要"妨碍和限制选民最基本的民主权利"。①一位来自伊利诺伊州的民主党人持类似观点,认为这个修正案是反民主的,因为它限制"人民自由选择他们自己的总统的权利"。他坚称,这个修正案违背美国政府的精神:"过去,我们根据实际需要多次修改宪法,以扩大和巩固我们政府所赖以建立的民主程序。但这个修正案却是开历史倒车,要限制大多数人选择他们自己的总统的权利。"②

---

① 引自 Kyvig, *Explicit and Authentic Acts*, p. 328.

② 引自 Alan P. Grimes, *Democracy and the Amendments to the Constitution* (Lexington, MA: Lexington Books, 1978), p. 116.

修正案的支持者中专门研究过其中涉及的民主问题的那一小部分人,似乎也默认了反对者的观点,但强调其他更高层次的东西应予优先考虑。一位来自纽约的共和党国会议员宣称:

> 如果说专制滥权对我们的民主程序是威胁,那么给予人民完全的选择自由以指定同一个人多次担任总统职位则是十足的邪恶,其影响及后果,要比限制自由人民的自由选择权利——我承认这种限制也是一种邪恶——有过之而无不及。①

他似乎是说,民主需要提防人民,而人民则需要提

---

① 引自 Paul G. Willis and George L. Willis, "The Politics of the Twenty-Second Amendment", *Western Political Quarterly* 5 (1952): 469–482, pp. 476–477.

防他们自己。或者，就像那句俏皮话说的，"别多管闲事，除非不想要选票了！"

结果既充满戏剧性也在预料之中。随着艾森豪威尔1952年当选以及1956年连任总统，共和党人才痛苦地意识到他们干了一桩多么愚蠢的事：他们使得他们最受欢迎的一位总统无法竞逐连任第三届。艾森豪威尔自己则对记者说选民"应当可以选举任何一个他们喜欢的人来当总统，不管他已经担任了多少届"。而共和党的国会议员则开始提出议案，要求废除限定总统任期的宪法修正案。①二十多年后，共和党的另一位在任总统里根，在他第二个任期时，直指规定总统任职不得超过两届的第二十二条宪法修正案是"荒唐之极"；后来还在另一场合补充说："我们应当认真看看，以确定我们是

①　引自 Kyvig, *Explicit and Authentic Acts*, p.334.

否没有侵犯人民的民主权利。"①同时,前总统杜鲁门曾提醒参议院一个委员会说:"你们理应知道,一位不适合连任的在位者,已经没有多少影响力了。"②但是,这个问题留下来了,直至如今。美国是当今民主世界中对人民选择权利作出这种限制的极少数国家之一。

二十多年后,一部分州也逆美国扩大民主的潮流而动,采用与第二十二条修正案几乎相同的办法,在州层面限制人民选择州议员的权利。所不同的是,这次主要不是因为政党之争,而更多的是因为美国人民与美国整个政治阶层之间的斗争。

起因很简单。在第二次世界大战之前,大多数州的州长可以无限期连选连任,但每个任期只有两年。后来大家逐渐认识到,两年时间都不够州长熟悉工作,更不

① 引自 Kyvig, *Explicit and Authentic Acts*, p. 335.

② Ibid. , p. 334.

用说干成什么事了，他们要花更多的时间和精力来谋求连任。结果，到了 1960 和 1970 年代，州长每届任期改为四年。但同时，约全国五分之三以上的大多数州都采用联邦 1951 年的做法，限制州长的任期不得超过两届。对这一点，大多数州都几乎没有什么争议。这似乎是一个合理的妥协：任期次数有限，但每届任期时间更长。

但是到了 1980 年代末和 1990 年代初，美国经历了社会学家称之为"道德恐慌"的一段时期。这场恐慌的导火索——不一定是起因——是一连串涉及国会议员（其中包括几位资深议员）的特大丑闻。1989 年，众议院议长杰姆·莱特被指违反众议院"礼品和收入规例"达 69 次之多，他最终选择辞职，成为有史以来第一个辞职下台的议长。他的其中一位副议长，民主党的国会领袖托尼·科埃略，也因为类似情况而辞职。众议院议员公然蔑视那些规例，允许他们在国会银行的户口可以透支提现，而国会两院都投票支持给自己加薪。同时还有涉及其他知名政治人物的丑闻,包括挪用公款、偷税漏税、吸毒以及少不了的种种性丑闻。似乎就在一夜之间,这些事件使得广大美国人民对这些民选官员——不是某个具体的人而是整个官僚阶层——产生了极度不满的情绪。

在这全国上下的不满情绪中,要求设定官员任期限制的呼声再次响起,而这次主要是针对议会议员,包括联邦国会和各州议会议员。至1992年,大多数州都开始进行限制议员任期的立法,而有19个州则是采用其他公民创制的办法以达到同样的效果——这些州的宪法都有这种公民创制的安排。各州在提出这些措施时,都想同时既限定州议会议员的任期,也限制联邦国会两院议员的任期。大多数针对州议员的立法都获得了通过。到1990年代中,共有28个州通过了某种形式的州议员任期限制,但在有些州,这些立法后来被废除或被法院宣布为无效。目前,在美国50个州中,只有15个州还有州议员的任期限制。

　　州议员的任期限制是一回事,联邦国会议员的任期限制则是另一回事。一些州试图以1787年前"邦联条例"的模式来限制其在国会两院的代表的任期,但是这种做法的有效性,在1787年联邦宪法之下一直备受质疑,并在1955年被最高法院正式宣布为无效。如果要对众议院和参议院议员设定任期限制,就必须修改宪法。这就意味着,需要国会两院都有三分之二以上多数的议员同意对自己以及他们的继任者设定任期限制。共和党人在1994年发表的《与美国的合同》中承诺,如果他们赢得那年的国会选举,他们将会提出限制国会议员任期的宪法修正案。后来当他们果真赢得选举后,他们也履行诺言,在众议院提出一系列不同措辞、不同期限限制的宪法修正案。但是,没有任何方案可以争取到三分之二多数议员的支持。于是,这场争取对国会议员任期作出限制的努力便彻底以失败告终。大多数美国人依然还是鄙视这些搞政治的人，但这场"道德恐慌"总算是结束了。

1945 年后美国宪法的这两项发展——第二十二条修正案的通过以及一些州对议员任期的限制——既不是由宪政主义所推动，也不是出于激进民主的要求。它们只是宪法运行中出现的偏差，且各有缘故，一个是因为党派之争，另一个则主要因为公众对整个政治官僚集体的不满。对于这两项发展，1787 年宪法本身并没有明确的授权。因此，两者其实都需要——特别是就限制国会两院议员任期而言，应当需要——通过一个正式的宪法修正案。况且，这两项发展都不但没有扩大人民的权利，反而是——或者看起来是——削减了人民的权利。两者都可以被其鼓吹者用民主外衣包装起来，但实际上它们都不是促进民主的措施。从我们提出的两大构造板块来看，它们都只是表层政治力量碰撞所产生的裂缝。两者之出现，并不代表激进民主情绪受到抑制，并以此为代价换来宪法思想的复兴。在这个意义上讲，它们都只是一些脉冲信号而已。

说到底，事实很简单。在21世纪初美国的政治制度里，既有18世纪宪政主义的活力元素，同时也有其对立面——激进民主——的活力元素。所以，这个建立在两个不同构造板块之上的政治制度似乎有些局促不安。建立在两个不同构造板块之上是毫无疑问的，但到底有多少局促不安呢？根据我们以上的所有论述，我们到底应该如何看待今天的美国政治制度？是时候回答这些问题了。

8

美国的民主

本书无意对美国政治制度作系统的批判,或对其进行系统的歌颂。许多重要题目,诸如媒体和特殊利益团体在美国政治生活中的角色等,在这里都没有提及。相反,本书的目的是想提请大家对美国政治制度中那些让外国人感到莫名其妙的特征,以及那些因为传统宪政主义和激进民主之间在本土的冲突——正如我们在前几章所描述的——所产生的种种悖论予以关注,并进行思考。当然,这些悖论是否要解决以及如何解决,须由美国人民自己决定。然而,尽管这些都是美国人民的事,但如果在这最后一章还不说说一个外国人对美国制度的一点思考——这些思考多是因为听到我们所比喻的两大构造板块之间咯咯吱吱的摩擦声而有感而发——

那就未免显得有些扭捏作态了。

首先，我们假定美国不会把自己的整个政治制度推倒重来。美国的政治制度以其目前形式已存在两个多世纪，是世界上延续时间最长的制度之一。没有人会认为美国应采用议会制度，或者美国的选举应采用比例代表制，或者总统制应改为内阁制，或者人权法案需要彻底重写，或者要重新举行制宪大会以全面更换建国之父们于1787年作出的宪制安排。一个半多世纪以来，真正影响美国宪法运作的修正案一个也没有获得通过，而目前也没有任何一个这样的修正案在考虑之中。在美国，谈论重大宪制改革的基本上都是被英国人藐视为"闲聊一族"的这些人——大学教授、新闻记者、编小册子的、写博客的，还有那些狂想之徒。

况且，美国现有制度至少在总体上在宪政主义和"所有权力归人民"式激进民主这两种对立的诉求之间达致了粗略有效但完全可以接受的平衡——既给大多数美国人提供足够机会以表达他们的诉求,同时还维持着法治,而且还——用麦迪逊的话来讲——"医治了派别产生的种种毛病"。[①]著名政治学家托马斯·克罗宁认为,对于现代政治和政府,在美国有"两种对立的取态"。其一,是近似于我们所说的宪政主义,他称之为"代议民主",也就是埃德蒙·伯克和詹姆斯·麦迪逊所主张的民主形式。其二,是近似于激进民主,他称之为"人民民主",也就是卢梭和托马斯·杰弗逊所主张的民主形式。克罗宁的结论是,当今美国所存在的"实用民主",是一种包含了上述两个对立元素的混合型民主,一种似乎很适合美国人民的民主。[②]不管以什么为标准,在其诞生两百多年后,还没有人敢说美国的制度

---

① *Federalist* 10.

② Thomas E. Cronin, *Direct Democracy: The Politics of Initiative, Referendum, and Recall* (Cambridge, MA: Harvard University Press, 1989), pp. 249–250.

已是一场彻底的失败。

　　然而,美国的混合模式带来诸多问题。其中一个相对次要的问题是,美国人发现他们的政治制度让人困惑、难以理解,比其他民主国家人民理解他们自己国家的政治制度要困难得多。美国的制度几乎没有进行过大的改变,但它确是一个异常复杂的系统,即使在平静的时候,它也几乎在每个环节都体现出我们在本书所描述的那种理论张力。美国政治的研究者时常感叹,大多数美国人对美国制度的认知和理解都少得可怜。《美国人对政治知道多少以及为何此乃兹事体大》一书的作者在表示遗憾的同时承认,"很多美国人(对政治)了解的程度之低让人感到悲哀,总体的认知水平顶多算是中等。"作者还提到,"尽管第二次世界大战之后政治、经济和社会都发生了许多重大变化,但美国的整体政治知识水平基本上还是与四五十年前一样。"①这是事实,但如果再去多问问美国人一些民调类的问题(不是诸如在任总统的名字这样的具体问题,而是美国整个政治制度的特征,比如最高法院的角色,总统和国会之间的关系等),我们将看到的事实比这个还要糟糕。大多数美国人都能说出在任总统的名字,但只有很少人知道联邦政府的三个权力部门,或者知道选举人团是什么。②

美国政治制度的高度混合性所带来的另一后果也许更需要重视。这一后果来自宪政主义的主张(这些主张是建国之父们 1787 年缔造的制度的基础)和人民自主的理念(这个理念已在美国家喻户晓,而且是近代许

① Michael X. Delli Carpini and Scott Keeter, *What Americans Know about Politics and Why It Matters* (New Haven, CT: Yale University Press, 1996), p. 270.

② 参见 Delli Carpini and Scott Keeter, *What Americans Know about Politics and Why It Matters*, pp. 70–71.

多国家政治制度的基础）之间的张力。然而，事实是，无论是美国的政治制度，还是其他国家的民主制度，实际上都不可能让人民来统治。世界上的所有民主制度只不过是给予人民对真正的统治者施加不同程度影响的机会。如果美国人民真的相信他们——作为市民——拥有天赋的统治权，那么他们就注定只有没完没了的失望；这种失望美国人也许比其他民主国家的人民更能体会得到。美国的模板本是纯粹民主，但现实却从来与这个模板不匹配。因为美国是一个理想主义的国度——而且因为激进民主的理想是如此深深地植根于美国人的心底，这种理想与现实的巨大反差让许多美国人深感受伤和沮丧。所以，在美国人中总是有那么一种失望的情绪，总是觉得美国的民主还是不够成熟、不够圆满。政治学家罗伯特·道尔持同样的观点，他写道："我认为，美国人对宪法正当性的信念和对民主正当性的信念将持续处于对抗状态之中。"①

美国的制度经受住了考验,一直沿用了下来,它以自己的方式有效地运作,对其进行彻底改变的建议从来都没有提到过国家议事的日程上,现在没有,在可见的未来恐怕也不会有。尽管如此,还是有一些政治学者认为,美国现行的宪制安排——以最广义来理解——有着明显的缺陷,可以进一步改善。这些学者提出的问题都很具体,而且与近十多年来的"文化战争"有关,比如枪支管理和同性婚姻问题等。不出意料的是,在这些批评者中,希望美国成为一个比现在更"民主"的国家的人,远远多于希望美国谨守建国之父们的信念和理想的人。尽管安德鲁·杰克逊已去世近一个半世纪,但宪政主义者仍然处于守势。他们觉得有必要坚守自己的初衷,他们并非对民主缺少热情。

---

① Robert A. Dahl, *How Democratic Is the American Constitution?* (New Haven, CT: Yale University Press, 2002), p. 39.

对美国现行宪制安排进行批评的学术著作和时事评论可谓汗牛充栋。在这些著作中,偶尔也有作者把主要关注放在美国政府的质量和效率——也就是华盛顿特区这台政府机器的机械运作和现实产出——之上,但即使他们以此为重点关注,他们也总是会顺便提到,美国制度从纯粹民主角度看是有许多缺陷的。他们不仅抱怨美国政府的质量难以令人满意,而且还抱怨美国民主的质量完全不是它应有的水平。只看近几十年来出版的有关著作的标题就可见一斑,以下这些便是典型:

《美国宪法有多民主?》

《美国民主行得通吗?》

《我们不民主的宪法:宪法哪里出错了,我们人民该如何修正它》

《冰冻的共和:宪法是怎么瘫痪民主的》

《直接民主》

《真正的民主》

《强健的民主》

《隐形的民主》

《民主的不满》

《民主的危机》①

---

① Dahl, *How Democratic Is the American Constitution*?; Alan Wolfe, *Does American Democracy Still Work*? (New Haven, CT: Yale University Press, 2006); Sanford Levison, *Our Undemocratic Constitution: Where the Constitution Goes Wrong (and How We the People Can Correct It)* (New York: Oxford University Press, 2006); Daniel Lazare, *The Frozen Republic: How the Constitution Is Paralyzing Democracy* (New York: Harcourt Brace, 1996); Cronin, *Direct Democracy*; Frank M. Bryan, *Real Democracy: The New England Town Meeting and How It Works* (Chicago: University of Chicago Press, 2004); Benjamin R. Barber, *Strong Democracy: Participatory Democracy for a New Age* (Berkeley: University of California Press, 1984); John R. Hibbing and Elizabeth Theiss-Morse, *Stealth Democracy: Americans' Beliefs about How Government Should Work* (Cambridge: Cambridge University Press, 2002); Michael J. Sandel, *Democracy's Discontent: America in Search of a Public Philosophy* (Cambridge, MA: Belknap Press of Harvard University Press, 1996); Stephen Macedo, *Democracy at Risk: How Political Choices Undermine Citizen Participation, and What We Can Do about It* (Washington, DC: Brookings Institution, 2005).

罗伯特·道尔——这位 20 世纪最负盛名的民主学者——的观点我们已多次引述。他问了这个问题：美国宪法有多民主？他的答案就是"还很不够民主"。他相信，对民主的人民而言，唯一正当的宪法就是"为民主目的而制定的宪法"，而在他看来，美国宪法并不是这样的一部宪法。[①]他的一个主要关注是政治平等，他认为建国之父们在参议院和选举人团的组成方式上偏向了那些小的州，严重违反了平等原则。正如道尔所指出的，一位内华达州卡尔森市的居民投给他或她的参议员的选票，其权重是几十英里之外的加利福尼亚州塔霍湖居民同样选票的 17 倍。一位阿拉斯加居民投给参议员的选票，其权重则是一位加利福尼亚州居民同样选票的 54 倍。道尔认为这些数据所反映出来的代表上的不平

---

① Dahl, *How Democratic Is the American Constitution?*, p. 122.

等"严重违反了所有公民政治上一律平等这个民主理想"。①基于同样的原因,他认为欧洲模式的选举制度——大多是比例代表制,要优于英美以单选区单议席为基础的简单多数选举制度。

作为一个民主主义者,道尔同时还探讨法院在政治制度里的角色。法院权力的扩张——而他认为不应当让法院的权力扩张——已远远超出了维护基本权利的需要。他质问:"如果一条法律已由民主政府的立法机构妥为制定,为什么法官还有权宣布这条法律违宪?"他强调,"让一个非民选的机构——在美国而言,就是最高法院九位法官中的五位——有权作出影响千千万万美国人的生活与福祉的政策决定",这本身就有悖于民主。②按

① Dahl, *How Democratic Is the American Constitution*?, p. 49.

② Ibid. , p. 55.

他自己的想法,道尔宁愿废除选举人团,改变每个州在参议院里的代表名额,严格限制法院的司法复核权力。他沉重地提醒,假若"一个政治制度是如此不透明,如此地与公共美德格格不入,它必定会削弱人民对我们的政治机构的理解和信心"。①但是,道尔并不指望他的这些修改建议会被采纳。他知道,美国宪法有一个"神圣的光环",修改宪法的程序实际上难以超越,尤其是当任何修改建议会削弱州和任何职位在任者的权力和特权时,更是如此。②道尔的愿望也只是愿望而已,他提出的这些宪制改革也许永远也不会发生。

道尔终究有些悲观。而宪法教授桑福德·利维森

---

① Dahl, *How Democratic Is the American Constitution?*, p. 146.

② "神圣的光环"(sacred aura)引自 Michael Schudson, *The Good Citizen: A History of American Civic Life* (Cambridge, MA: Harvard University Press, 1998), p. 202.

则更有雄心、更为乐观。在看他来,1787年所制定的美国宪法,现在已完全过时,不合时宜,应该全盘推倒重来,或者许多条款都需要重写。他主张,在这个问题上,美国人民作为一个整体必须拥有话语权。因为他相信最终还是需要召开一个新的制宪大会,所以他就大谈特谈一些他认为新的制宪大会必须处理的问题,比如,司法复核的范围和第二十二条修正案的存废等。他甚至质疑美国是否真的需要一个由两个不同院组成的联邦国会(他指出许多民主国家的立法机构都是一院制),质疑总统是否还需要继续拥有国会两院难以推翻的否决权。

在其他问题上,他的观点更为绝对。他认定目前这样组成的参议院"是对民主理想的扭曲",他同意道尔的观点,即那些小州在参议院里的权力应当有所削减,以与大州保持相对的公平。①他亦与道尔一样,强烈主张废除选举人团,代之以地区直选,可以设定有第二轮投票,以确保当选者获得绝大多数的支持。他还更大胆地设想,应当像议会制那样设定一个机制,可以将不称职或者被判定犯有"叛国、受贿和其他严重犯罪和不当行为"的总统予以罢免。利维森还主张,最高法院法官的任期要么固定,要么到法定年龄就必须退休;同时,宪法关于众议院、参议院和总统的参选资格的现有种种限制应当予以取消。他当然更要废除掉"任何人如想当选总统则必须是'生为合众国公民'"这条规定,他认为这项特别要求是"毫无道理的限制"。②

　　然而,利维森予以最严厉批评的是《宪法》第五条,该条设定了 1787 年宪法的修改办法,同时也使得该宪

---

① Levinson, *Our Undemocratic Constitution*, p. 60.

② Ibid., p. 152.

法的几个核心条款实际上无法修改。他写道：

> 《宪法》第五条是困住我们的一个铁笼子，
> 让我们无法对我们政治制度某些极为重要的方
> 面进行改革。但同样要紧的是，它还是禁锢我
> 们想象力的铁笼子。因为修改宪法的难度是
> 如此之大——任何有实质重要意义的修改几乎
> 都是异想天开——以至于我们的人民误以为改
> 变永远没有什么好处，更不用说是必须的了。

他还补充说，他这本著作的主旨"就是要挑战这种
固步自封，要解放我们，另寻出路"。[①]他希望，最终会形
成强大的民意，足以召集新的制宪大会，而制宪大会的
成果将交予人民在全国范围的公决中最终定夺。当然，
他也不得不承认，他的这些主张所表达的更多是希望，

---

① Levinson, *Our Undemocratic Constitution*, p. 165.

而不是期待。

道尔与利维森都赞成对美国的宪政结构进行重大改革,而且这些改革从本质上讲都是朝向民主的。然而奇怪的是,他们给人的印象似乎都是保守派,因为他们都没有提出任何直接民主的方案(除了利维森坚持新宪法需要获得全体人民同意这一点外)。他们都不主张引入创制性全民公决,或在联邦层面上设定官员召回程序。他们甚至都不触及是否应当引入这些制度这个话题。换言之,尽管道尔和利维森都是忠实的民主主义者,但他们并不是激进的民主主义者。倘若他们曾到现场参加上世纪末那些真正的激进民主主义者的集会,他们很可能觉得自己走错了地方。

在后期的激进民主主义支持者中,本杰明·巴伯可能是最激进的一个。他与道尔一样,也是一位政治学教授。巴伯所提出的"强健的民主",远不是要对现行美国宪法进行小修小补,或者彻底大修(他甚至在他这个主题的著作中从未提及也鲜有间接提到现行美国宪法）。他所设想的政治社会（且不管其地理面积多大）是一个纯粹的社会，其人民既有义务也有权利。他表示，"强健的民主"就是"追求命运自主并希望贡献社会的每个人都行动起来的自治行为"。①道尔和利维森都认为现代民主应当有代议机构，而巴伯则完全不以为然。他认为"代表原则越俎代庖，强行褫夺了每个人对他们的价值、信念和行为的最终责任"。他赞同卢梭的观点，即"人民一旦允许自己被代表，他们就立即失去自由"，然后补充说，"人们如果不是通过共同思考、共同决策、共同行动来直接对决定他们生命的政治负责，那么他们根本就不是自由的，无论他们享有多少保障、多少私权和多少不受干扰的自由。"②

---

① Barber, *Strong Democracy*, p. 296.

② Ibid., pp. 145–146.

在巴伯看来,当今世界所有民主都是"瘪三"民主,而这些"瘪三"民主亦被代议机构所扭曲。巴伯宁愿废除这些代议机构,代之以一系列专门用来促进公众参与的机构。在他看来,瑞士民主是一个现实范例。他设想中的强有力的民主机构应包括有:"一个遍布全国每个城市、城镇和乡村中每个小区的全国社区会议制度";地方、地区和全国的"电视社区会议"这样一个促进公民教育的节目;通过抽签而不是选举来挑选大部分公职人员;一个设计适当的公民创制和全民公决制度,并引入一个军民共享的全国服务系统——"在一个强大民主政体里,全国服务是权利和义务关系的核心组成部分"。①巴伯的许多想法都与"进步时代"激进民主主义者的思想(也包括罗斯福的思想)有诸多相似之处。没有比这

———————

① Barber, *Strong Democracy*, pp. 269, 273, 278, 280, 284, 299.

样的构想离建国之父们原来所描绘的蓝图更远的了。

巴伯的想法和建议并非十分异类，而是有相当的代表性。劳伦斯·格罗斯曼在《电子共和》一书中想当然地认为，正在进行的电子通讯革命将彻底改变美国民主的运作方式，而且这个方向的改革值得期待。如果说现代瑞士是巴伯的理想模式，那么格罗斯曼的理想模式则是古雅典。他引述亚里士多德的话说，"民主……只有在所有人都最大程度地共同参政的时候才得以实现"，接着，他问道：

> 在我们的代议共和制度里，经正式授权的全国性全民公决和公民创制在联邦层面上是否有新的角色可以扮演？随着个人电脑和微软程序的广泛使用，在家里或在办公室里进行即时电视投票很快就将成为可能。既然公民都有个人密码而且也掌握了必要的电子通讯技能，那就没有理由还限定投票必须是在十一

月第一个星期一之后的第一个星期二。不管
任何议题在任何时间需要征求公众意见，人民
都可以通过电子投票马上作出回应。①

格罗斯曼谦虚地说，是否需要引入电子全民公决应
当由别人来定，但在他的心里，他当然希望能够引入。

同样，丹尼尔·拉扎尔在《冰冻的共和：宪法是如何
瘫痪民主的》一书中建议，作为美国最民主的国家机
构——众议院，应当在未来通过非暴力的民主政变来摧
毁建国之父们所建立起来的这套反民主的政治体制：

> 不仅仅是宪法要被推倒，而且监督、制衡、
> 三权分立，以及谦让服膺于法官权威的习惯，

---

① Lawrence K. Grossman, *The Electronic Republic：Reshaping Democracy in the Information Age* (New York：Viking, 1995), pp. 239, 249.

等等,也要统统扔掉……美国人一贯以来对政治的不信任毫无疑问也会随之消失。当权力是由别人——身穿长袍的法官,以及远在华盛顿的政客,等等——来操控的时候,权力是可怕的。但如果由人民自己掌握,并以尽可能简单且不受妨碍的方式行使,则权力只是一个做事的工具。与其将权力分散,人民更愿意将其集中在自己手里。权力不再是让人迷恋或害怕的东西,而只是一个实用的物件。①

拉扎尔之所言,正是地道的美国之声。

与上述这些作者一样,所有对美国政治制度的现状感到担忧的人都希望它能朝着更民主的方向进行改革,有人希望彻底改革,有人认为稍作调整即可。只有一小部分人坚持要保留监督、制衡、三权分立的制度,并保留

---

① Lazare, *Frozen Republic*, p. 293.

目前的宪法形式。持这个立场的人都发现他们自己在抗拒一股滚滚而来的民主潮流，尽管他们不愿意承认这个事实。但对他们来说值得庆幸的是，现行体制内的权力——体现在对 1787 年宪法和宪法第五条（该条使得宪法修改几乎不可能）的尊重上——牢牢地掌握在他们手里。

　　新闻记者乔治·威尔同时也是一位旗帜鲜明的宪政主义者。他赞成任期限制，但他支持这样做，并不是为了让当选的政治家与人民保持更密切的联系，并让他们尽快地回到人民中去，而是为了防止他们成为一个自私自利的阶层，把他们的利益置于国家利益之上，亦为防止他们为了连选连任而不惜一切手段。他在《复辟》一书中，希望通过任期限制来降低国会议员一切只为选票着想的风险，而增加国会恢复成为一个真正集思广益的议会的机会。他承认，"任期限制限制了选择，因此是对公民自由的一种削弱"，但他相信，为了保证公正无私地议事,这种削弱是值得的。①

威尔坚定地与 1787 年宪法的制定者站在一起,反对激进民主主义者的立场。对于那些本身并非激进民主义者但主张民选代表的主要义务就是为自己选区服务的人,威尔也同样坚定地反对。他完全赞成制宪者的决定,即民选代表——用他的话来说——"都应当具有冷静、理性、礼貌、公正和长远眼光等优良品德,这是长任期必须关注的问题"。他认为,制宪者用心良苦,以"设计出一个可以长期获得人民支持但又不受人民一时情绪波动所影响的代表制度"。②在威尔看来,"任何紧密而有组织的利益团体"都是党派,而他与麦迪逊一样,反对拉帮结派,他还特别痛恨党派的弄权:

---

① George F. Will, *Restoration*: *Congress*, *Term Limits and the Recovery of Deliberative Democracy* (New York: Free Press, 1992), p. 4.

② Will, *Restoration*, p. 104.

要知道一个党派的权势,只需看它如何以最快速度和最小变动即把自己的需求转化为政府的行动即可。党派的这个能力,就是在尽可能多的议题上,把政府矮化成为一个记录员、一个审核人或一位掮客。党派有此抱负,可以理解,但并不值得欣赏。令人沮丧的只是,如今奴颜婢膝的政府所追求的目标,并不高过当一个记录员、一个审核人或一位掮客。①

在威尔看来,民主代表都应当学会而且能够拒绝作出回应("一个劝告"),以便真正做到三思而后行。②至于制宪者想方设法要防止"政府匆匆忙忙地去直接满足人民的愿望",他认为这是对的,尽管可能违反民主。③

----

① Will, *Restoration*, p. 108.

② Ibid. , p. 107.

③ Ibid. , p. 109.

威尔很有人生智慧,他一直只满足于做一名新闻记者。否则,如果他的观点广为人知,在美国如今的政治气候里,他根本就不可能当选上任何公职。甚至在学术界,也很少有政治学人像他这样直言不讳。

在本书第五章"人民更上一层楼"里,我们提到激进民主在美国已发展到什么程度。不仅仅是越来越多的美国人获得了投票权,而且他们可能投票选举的官员(包括法官)范围越来越大,在许多州,他们还可以通过公民创制和全民公决参与公共事务。他们甚至还可以投票决定政党应当提名谁为他们的候选人。有些州更是允许召回官员。民主精神大放光芒。人民要求他们的声音被听见,他们确实被听见了。

但人民的声音可能与历史学家所想的不太一样。近来一些重大研究表明,如今的美国人对激进民主、直接民主并不像其主张者所说的那样热衷。而且,这些研究还表明,在上个世纪,特别是在"进步时期",激进民主一度蓬勃发展，但那并不是因为普罗大众的追求，而是那些政治人物和社会活动家以人民的名义所推动的结果——他们也许真诚相信人民确实期盼更多的民主，或者他们只是看准"还权于民"是一个响亮的口号，可以轻而易举地争取到民意的支持。换言之，这项新的研究显示，激进民主在美国的兴起也许既有精英的推动也有民众的呼声。也许，美国那些搞政治和社会活动的人，他们去教化和培育草根阶层，只不过是为了他们自己去收割最后的丰收果实罢了。

林肯大学的两位政治学教授约翰·希宾和伊利莎白·泰斯—莫尔斯，在1990年代开始研究，以弄清楚美国人民对他们作为公民与他们在国会、白宫以及联邦政府各机构里的代表之间的关系是怎么想的、有什么感受。他们的合著书名为《隐形的民主》——书名可能容易引起误解，因为全书对"隐形"并无只言片语，而长篇累牍所谈的是普通美国人对政治和政治人物的态度。

两位作者并没有在长期较量的宪政主义和激进民主之间选择立场,但他们显然对"激进民主乃大多数美国人之真正所愿"这种观点持怀疑态度。无论约翰·杜威是怎么说的,但普通美国人似乎并不认为医治民主弊病的良方是更多的民主。①

根据全美各种关注小组的讨论以及全国范围的问卷调查,希宾和泰斯—莫尔斯指出,美国人不信任和不喜欢联邦政府,是因为他们相信太多的美国政治人物都是自私自利的家伙,他们的所作所为,都是出于他们自己的利益,而不是人民的利益。他们不喜欢政治人物与

---

① John Dewey(约翰·杜威,1859—1952),美国著名哲学家、教育家、心理学家,其代表作包括《哲学之改造》《自由与文化》等,其著述被广为引述。参见 Fareed Zakaria, *The Future of Freedom*:*Illiberal Democracy at Home and Abroad*(New York:W. W. Norton,2003),p. 240——John Dewey is quoted as saying:"The cure for the ailments of democracy is more democracy."

特殊利益集团可想而见的各种勾连。他们觉得民选政治人物之间的种种公开吵闹既恶心也无关痛痒：恶心，是因为不喜欢他们尖酸刻薄的腔调；无关痛痒，是因为民选政治人物之间的那些分歧十之八九与他们个人毫无关系。希宾和泰斯—莫尔斯的研究还显示，不少美国人都存有一个幻觉，以为确实有"共同利益"这回事，而且大家对何为"共同利益"都有共识，于是乎，那些敌对的政治人物就开始喋喋不休地斗嘴，都在说自己在做该做的事，就是为了实现这个共同利益。简言之，大多数人都对"特殊利益集团的影响、国会议员的悠闲以及对原则的斗嘴和兜售"表示恨之入骨。①

即使都明白这个道理，但仍有太多的人在问卷调查中表示，人民拥有的权力太少，应该多给一些。然而，在希宾和泰斯—莫尔斯看来，事实并非如此。人民真正想

---

① Hibbing and Theiss-Morse, *Stealth Democracy*, p. 13.

要的,是统治者都应该是"富有同情心、大公无私的决策者",他们应当想普罗大众之所想,急普罗大众之所急,而绝不能为官只为自利自肥。①这些富有同情心、大公无私的官员不必是、也许不应当是由民选产生。相反,其实不少美国人希望国家是由成功商人或公正无私的专家团队或委员会来管治。比如,非由选举产生的联邦储备委员会就比国会更受尊敬。"当人民感到不满的时候,他们总是相信会有办法的",而这"办法"就包括"希望授权与人民没有直接联系的机构来处理"。②

此外,尽管不少人在问卷调查中表示他们希望人民拥有更多的权力,但他们自己并不想进入政坛,而且他们对这个泛泛而指的"人民"为国家谋利益的能力并没有信心。换言之,他们自己不想参政,但同时也不相信

---

① Hibbing and Theiss-Morse, *Stealth Democracy*, p. 216.

② Ibid. , pp. 83 , 140.

自己同胞治理国家的能力、知识和智慧。显然,尽管人民在嘲笑,但当有人在一个关注小组中发表如下一番高论时,却没有人提出半点异议:

> 罗宾:人民并没有那么聪明。(笑声)他们并不聪明,真的。你们曾经跟公众打过交道吗?有些人,他们并没有那么聪明……我见到过高中毕业的人,却不认字……人民的弱点不是别的,而是我们不够聪明,看不全面,有时候甚至连一些小地方也看不清楚。①

聪明不聪明暂且不论,希宾和泰斯—莫尔斯观察到的其他关注小组的成员认为,自己同胞中的许多人,甚至大多数,包括他们自己,说到底恐怕都是太狭隘、太自私,而不能委以治国理政的重任:

---

① Hibbing and Theiss-Morse, *Stealth Democracy*, p. 118.

米歇尔：我真的能力有限，你知道。我没有什么远大抱负，因为我只关注自己的小世界。我只关心家乡这里的事，对华盛顿的事一概是不闻不问。

迈克：嗯……也许我们国家太大了，不适合民主管治？

萨姆：我不认为我们国家太大了。我认为我们是太贪婪、太自我为中心了，以至于我们都不愿意作出牺牲，因此也就无法实现真正的民主之治。①

希宾和泰斯—莫尔斯的言之下意是，广而言之，美国人更希望他们的国家由比他们更优秀的人来管治，前提是这些人必须是真正大公无私的人（而在他们看来，现在的统治者就不是这样的人）。换言之，美国人民并

---

① Hibbing and Theiss-Morse, *Stealth Democracy*, p. 119.

不完全支持"人民"，同时还更反对现有之精英统治。

所以，无论美国人民对民意调查都说了什么，他们其实并不愿意扩大直接民主的范围。大多数美国人都不是激进民主主义者。与世界上其他民主国家的大多数人民一样，他们对很多事情并没有强烈的主张，对公共事务也不是非要参与不可，他们只是想自由自在地过自己的生活。他们讨厌政治的尔虞我诈和钩心斗角。根据希宾和泰斯—莫尔斯的研究，"人们最不愿意参与的就是政治决策"。[①]他们的研究认为，美国人"绝非直接民主的狂热分子"。[②]下面这段更能显示两位作者的结论雄辩有力，难以反驳：

> 确实，人民对职业政治阶层始终抱有怀疑。在这一点上，我们倒是与传统观念完全一

---

① Hibbing and Theiss-Morse, *Stealth Democracy*, p. 1.

② Ibid. , p. 44.

致。但是,若认为人民急于回到以点算人数为基础的政治中去,则又是大错特错。事实上,不仅仅是那些雄辩滔滔的国会议员,甚至连人民自己,都对把权力给予普通人民甚有保留……可以肯定的是,人民希望削弱被认为是自私自利的现有精英阶层,但同样也不希望授予普通美国人太多的权力。民粹主义(也就是激进民主)的改革并不会带来一个更受人民拥护、更合法的政府,因为这样的改革并不是人民所需要的。①

在对传统宪政主义的方向表示一定认同后,两位作者补充说:"推动人民参与政治和政治决策,并不必然会得到更好的决定、更好的人民和一个更合法的政治体

---

① Hibbing and Theiss-Morse, *Stealth Democracy*, pp. 125 – 126, 130.

制。"对此不以为然的人民,特别是那些激进民主主义者,在他们看来都是被误导了。①

尽管希宾和泰斯—莫尔斯没有论及历史问题,但他们的研究结果至少与这个推测相吻合,即较早时期的民粹主义者和进步主义者对当时美国人的真正信仰同样也是被误导了的——在某些情况下甚至是被故意误导。绝无理由可以认为,正是因为后杰克逊时代继续进行直接民主的改革,今天的美国才有能力作出更好的决定,才拥有更好的人民和一个更合法的政治制度。实际上,激进民主的扩张从来都没能带来奇迹。

我们在上文曾提到,美国最高法院在美国人民心目中享有崇高威望,尽管它的组成通常都极具政治色彩,而且它的判决也时常极具争议性。在这方面,希宾和泰

---

① Hibbing and Theiss-Morse, *Stealth Democracy*, pp. 161 - 162.

斯—莫尔斯的研究发现,最高法院能拥有如今之地位,在很大程度上,与其长期以来是闭门作业有关。美国人一想到政治人物,就会想到吵吵嚷嚷的公开辩论,并因此而不喜欢政治和政治人物。相比之下,最高法院的九位法官大人是在私底下做他们的事。"最高法院——不像国会——能很好地掩盖分歧。争辩和妥协都不公之于众。分歧都是私下的或者只是写在学术文章里。"① 也许,1787 年费城制宪大会的合法性,当时以及现在,都来自于会议是闭门进行的,外面还站着武装岗哨。公开透明有一个问题,就是人民总是对他们之所见所闻感到不快。

正如我们刚刚看到的,大多数对美国现有政治制度持激进批评态度的人——尤其是在学术界内的——都怀疑激进改革的可行性。他们大都——尽管不太情愿

① Hibbing and Theiss-Morse, *Stealth Democracy*, p. 99.

地——倾向于悲观。然而，美国现行政治制度里确有一些特征在外国人（也包括不少美国人）看来是不幸的，甚至是令人愤怒的。其中有些表面看来是可以修改的。

其中之一，本书至今尚未谈及，就是金钱在美国政治生活中的角色。民主政治在哪里都是昂贵的，但在美国的花费则更是巨大。那些超级巨富，甚至那些较为一般的有钱人，在竞逐提名时都拥有极大的优势。他们在初选后的大选中，同样优势明显。当然，大撒金钱并不能保证胜选，但显然能增加胜选的机会。那些没那么有钱，或者没有参选经费的美国人，只好花更多的时间、精力和金钱去筹集所需的选举经费。许多从政者，包括不少现职在位者，实际上都依赖给他们的竞选活动捐款的个人和组织。对谁可以资助竞选、以及竞选机构可以花多少钱，在任何层面都没有任何有效的管控。参选人，不管如何捉襟见肘，都不会获得任何免费的广播时段和广告空间来表达他们的政见。所谓政治平等，在这里只不过是个笑话。在其他民主国家，都看不到这种与其说是对人人开放，不如说是对个个都昂贵的奢侈选举。几乎所有的民主国家，都以某种方式设定选举开支和捐款人捐款的上限，或从国家财政中拨款资助政党或个人的参选活动。这些不同的措施虽非尽善尽美，但都能有效地促进选举的公平竞争以及——更重要的是——限制金钱在国家政治生活中所扮演的角色。

金钱在美国政治中所扮演的角色在外国人看来是极为丑恶的。很多美国人也这样认为。民意调查一直显示，90%以上美国人对金钱在美国政治中所起的作用表示反感，并希望对选举经费问题进行彻底改革。改革的困难重重，因为不得不推动改革的那些人恰恰是现行选举安排的最大受益者。但最大的困难还是在最高法院。在其著名（或臭名昭著）的巴克利诉法雷奥判决中，最高法院裁定国会无权限制候选人或利益集团在竞选或推动其他政治议题时花钱的额度。尤其是，竞逐公职的候选人在竞选中可以无上限地花自己的钱。最高法院认为，国会关于限制选举开支的提案违反宪法第一修正案，因为该修正案禁止国会制定"限制言论自由"的法律。后来，在联合公民诉联邦选举委员会一案中，最高法院再次引用宪法第一修正案作出裁定，认为无论国会说过什么，法人机构和个人都享有同样的言论自由保障，他们为了宣传自己的主张或为了击败对手，可以在选举工程中无上限地花自己的钱，无论花多少，都是符合宪法的。所以，在该案中，宪政主义又一次取得了对激进民主的胜利（或者可以说，是取得了对任何其他民主主张的胜利）。也许有那么一天，最高法院会推翻自己，把巴克利诉法雷奥和联合公民诉联邦选举委员会两个判决——甚至连同失效已久的普莱西诉弗格森判决——都扔进历史的垃圾箱。它们确实该被扔掉了。

宪政主义在后来的选举结果争议中再次获胜，高歌入云。那就是2000年总统选举结果纠纷案——布什诉戈尔。该案清楚无误地告诉我们：人民投票，法院决定。
令人惊讶的是，人民默然接受了最高法院的判决，而且
还心怀崇敬。2000年以后，国会对选举管理作出了一
系列具体的改革，有些还甚具重要性，但国会并没有采
取任何有效措施以确保最终应当由人民来决定谁来当
总统或担任其他公职。正如我们在第一章所看到的，大
多数民主国家给予法院的权力，是决定选举的结果是否
存在合理争议，是否有足够理由怀疑所宣布的胜选者是
不是真正地赢得了选举；如果选举存在争议，法院并没
有权力去决定是谁赢得了选举。如果法院认为胜出者
的身份存在疑问，或者选举行为存在严重瑕疵，则法院
此时所拥有的唯一权力就是把最终的决定权交回给人
民。对于大多数民主主义者——不仅仅是激进民主主
义者——来讲，那才是最终决定权的归属所在。但在美
国却并非如此，这对于一个外国人而言，确实匪夷所思。

　　选举人团未来该怎么办，是个更烧脑的问题。对其

抨击者(诸如道尔和利维森)甚众,而捍卫者极少,然而,认为可以将其废除或以直选方式取而代之者,则是少之又少。国会两院里来自小州的议员都会阻拦对此制度的任何改革。小州在别的方面也不愿意进行改革。美国人也许(或者也许不)会认为其他国家也有类似的扭曲安排,并以此聊以自慰,安于现状。比如英国,它和美国一样,也采取单议席简单多数选举制度,因此偶尔也会有政党赢得了议会多数议席,但并没有获得大多数(更不用说绝大多数)选票。第二次世界大战以来,这样的情况在英国发生过两次,一次是在1951年,另一次在1974年。在采用比例代表制的国家,大选后组成的政府有可能并不是多数或绝大多数选民原本希望选择的政府。在这些国家,选民投票和政党领袖组阁是两件相关但又完全不同的事儿。然而,在美国,最高长官由一个人担任,是不可分割的,因此选举结果如果不是以简单点算选票并依得票总数多少来分出胜负,就显得匪夷所思了。而法国选举总统就是采用这个办法的。

相比之下,涉及美国总统选举资格的那个主要问题——非美国本土出生的公民不得参选美国总统——则并没有那么麻烦。很少有美国人为宪法的这一规定辩护,也很少有人认为其中有什么大问题,但对于外国人来讲,这样的规定不但完全没有道理,而且是公然地违反了最基本的民主原则。它使得成千上万的真正公民无法去竞选国家的最高职位,还使得更多的人甚至连投票给这些人的机会也没有。这一规定同时也大大限制了总统和副总统候选人的人才库。没有任何一个民主国家对担任国家领导人的资格作出类似美国这样的限制。在其他国家,如果人民不想投票给不在本国出生的人,这是他们的权利;但是,如果他们投票给这样的人,同样也是他们的权利。对于美国,要这样做,只是需要对 1787 年《宪法》第二条第一款作出修订,删去那个极为冒犯的措辞——"生为合众国公民"——即可。对于外国人来讲,通过和批准这样一个修正案是非常值得的,而且也不是完全不可能,因为国会两院的议员似乎很少有人觊觎总统宝座,而即使有野心,也不用担心会被在其他国家出生的候选人击败;再说,当年参与制宪的那些州,包括那些小州,大都有相当数量在外国出生的适龄选民。

《宪法》第二十二条修正案——限制总统连任超过两届——是另一个反常的规定。其反常之处在于:一方面,1787年制宪时对总统任期本来不作限制,只是到了1951年才采取了这一做法;另一方面,在美国以外,类似的限制极为罕见。成熟的民主政体都不认为这种限制有什么意义。就像宪法中"生为合众国公民"这一规定一样,总统任期限制不但违反民主的基本原则,同时也缩小了可担任国家元首职位的人才库,并且降低了可选之才的潜质。就比如,假如笔者是美国公民,我肯定不会投票给布什总统让他在2008年连任第三届,但我肯定会强烈反对我没有权利这样做。

　　原则问题暂且先放一边。《宪法》第二十二条修正案还有一个缺陷，其与民主无关，而是与美国政府执政的能力和质量有关。因为有了第二十二条修正案，所以总统一旦成功连任，"马上就变成明天的昨日黄花"。[①]换言之，总统一旦成功连任就马上成为"跛脚鸭"，而且势必很快就成为一只"死鸭"。大家对此都心照不宣。而且，随着时间过去，特别是第二任期过半以后，这种失效失德的情况势必越发严重。国会以及其他国家的领袖都越发不愿意与一位在位时间太短以致无法履行其承诺的总统进行谈判。人世事务如要互利互惠，总是需要交往的连续性，至少是可期待的一定连续性。况且，随着时间流逝，政府中资深或相对资深的人员，可能会

[①]　Charles O. Jones and Kathryn Dunn Tenpas，"Shaping the 44th Presidency"，*Issues in Governance Studies* No. 9（August 2007）：1.

因为看到老板前途渺茫而开始考虑自己的出路,另谋高就。同样道理,这个时候想聘请英才加入政府就越发困难。参议院也有可能越发不配合,不愿意通过一个"跛脚鸭"提名的行政和司法人选。国会两院的领袖更会利用这种机会,推动一些棘手的立法,挑战总统的否决权,或者推动一些他们明知总统出于政治原因无法行使否决权的立法。还有,当现任的三军总司令很快就要交出指挥棒的时候,国会也更有可能直接插手纯粹的军事事务。无论如何,第二任期对任何成功连任的总统来讲,势必都是相当困难的。第二十二条修正案没有别的,就是让总统第二任期的日子极不好过。美国政府的素质因此提高了吗?恐怕成疑。

但是现在,让我们回过头来再谈谈那两个构造板块。美国政治制度里另一个不同寻常的东西就是"拉布"——具体讲,就是参议院里的少数议员,为阻止有关法案(包括已获众议院通过的法案)获得通过,利用议事规则的有关规定,无休止地拖延会议进程,除非 100 名参议员中有 6 人联名投票要进行"剪布",以限定辩论时间。如果没有"剪布","拉布"还可有其他用途:比如,拖延或阻止任命总统提名的联邦法官人选。实际上,"拉布"的情况极少出现,因为现在大家都原则上同意,任何重要及具有争议性的立法,为能在参议院获得通过,必须确保在参议院里获得不仅仅是过半数的支持,而是五分之三超级多数的支持。

严格的宪政主义应当会赞成"拉布",而且也会支持五分之三超级多数这个要求。根据 1787 年宪法制定者的原意,参议院就是用来制衡众议院里所反映的民意的。这就是为什么参议员是由各州议会选出而不是由人民直接选出以及参议员的任期可以长达 6 年的原因。参议院里的议员是要与人民保持一定距离的。正如埃德蒙·伦道夫所说:"如果参议院不够强硬,就很容易会被众议院压倒,因为众议院人数更多,而且是直接从人民中来。"①然而,自从第十七条修正案通过以后,参议员也是"直接从人民中来",而参议员个人所代表的州也不再享有从前曾享有过的接近于主权的权力。两位现代政治学学者的研究认为,尽管"拉布"这种行为肯定是建国之父们所未曾预料到的,但恰巧表达了他们的原本意图:"可能有点讽刺的是,参议院现在的议事规则反而已成为某种保障,而制宪者过去所设置的安全机制则随着时间的流逝而失效或者消失了。也许,随着参议院的不断演变,其关于无时限辩论的规则和做法已变得越来越重要了。"②

---

① Charles O. Jones and Kathryn Dunn Tenpas, "Shaping the 44th Presidency", *Issues in Governance Studies* No. 9 (August 2007): 44.

② Gregory J. Wawro and Eric Schickler, *Filibuster: Obstruction and Lawmaking in the U. S. Senate* (Princeton, NJ: Princeton University Press, 2006), p. 10.

激进民主主义的主张与宪政主义的观点针锋相对。凭什么可以让参议院里的少数意见凌驾在参众两院的多数意见之上？为什么不是狗摇尾巴而是尾巴摇狗如此之荒唐？2010 年，一位改革派参议员一针血地指出：

> 如果参议院里只须 41 个议员的少数，就可以指令参议院乃至美国人民中的多数去作为或不作为，那么，我看不到我们如何可以有效管治一个 21 世纪的超级大国。特别是如果这 41 位参议员都是来自小州，仅代表 15% 的美国人口，那就更是不堪了。这不是民主。这绝对不是建国之父们所憧憬和追求的那种民主。①

---

① Senator Thomas Harkin of Iowa speaking in the Senate on February 11, 2010; see the *Congressional Record* for that date, p. S573.

这位参议员是否应当拿建国之父们来说事是值得商榷的。一方面,亚历山大·汉密尔顿在他的一篇收录于《联邦党人文集》的文章中,强烈地反对少数统治:"赋予少数否决多数(在需要超大多数才能作决定的时候经常会出现这种情况)的权力,说到底,就是让大多数人的意志受制于少数人的意志。"而且,他还进一步指出,赋予少数这样的否决权,就等于是冒险把太多的权力交到"一个无足轻重、变化无常、贪污腐败的小团伙"①的手里。然而,在另一方面,或许有些出席费城制宪大会的代表会同意在某种情况下允许使用"拉布"这种手段,假若他们对此曾有过认真考虑的话。在合众国建国之初,"拉布"当然是有其支持者的。但和很多事情一样,历史在这方面并没有提供清晰的指引。

尽管如此,近年来参议院经常以简单多数票决,要

---

① *Federalist 22.*

求修改现行参议院议事规则，以便更容易"剪布"，但每次都受阻于一个足够大的少数，从而无法作出任何实质性修改。参议院里有不少议员担心失去手中阻止他们所反对的议案获得通过的权力。而且，他们总是要极力维护他们个人的地位和权力，要保留手中可以发动"拉布"的威胁力，以作为与别人达成交易的谈判筹码。有嘲讽者认为，许多参议员最终都只是在乎结果而不是过程。于己有利时，他们就是"拉布"的支持者，于己不利时，他们就是"拉布"的反对者。在这个方面，和大多数情况一样，宪政主义以制约和平衡的姿态占据着支配地位，将来似乎仍是如此。但无论如何，"拉布"都不能说是一种民主手段，更不能说是一种激进的民主手段。

全民公决和公民创制在美国的使用又有不同的问题。全民公决和公民创制作为处理特定问题（特别是重大问题）并制定相应政策的一个手段，其好坏得失，对于理性的人来讲，当然可以见仁见智。好坏都各有主张，各有理据,或为激进民主主义所支持,或为宪政主义所反对。但美国与众不同的是,全国五十个州除了一个之外都举行过或经常举行全民公决,唯独全国性的全民公决从来没有搞过。在联邦层面,是宪政主义占了上风。但在州的层面,则是直接民主(以不同的形式)在唱主角。一个构造板块在另一个构造板块之下滑行,但没有将其顶翻。尤为令人称奇的是,除一个州以外的所有州的宪法都规定可以就宪法的修正案举行全民公决,但美国人民作为一个整体却对美国宪法的修订没有直接的话语权。甚至那些对使用全民公决来制定政策抱有怀疑态度的政治理论家,都宁愿退一步,接受在事关国家统治、国家"游戏规则"等重大问题上使用全民公决是合适的。表面上看,美国人民现在至少愿意考虑一下这个问题,即以成熟民主的标准看,美国宪法现行的修订机制是否还合乎时宜。

美国政治体制里另一个十分异常的现象就是,在许多州,法官是由民选产生,而在联邦层面,则法官全部都不是民选产生。如果在州层面法官选举是如此之必要,为什么到了联邦层面就并非如此? 这个特异现象尤为引人注意,是因为州法官选举是美国独有的做法,而这种做法是建国之父们所排斥甚至根本都不予考虑的,而且似乎也违反了法治的一条最基本的原则,就是法官的独立——不但要独立于行政、立法两个部门,而且要独立于人民。传统的宪政主义再次在联邦层面上占得统治地位而在州层面失去主导权。在这里,我们提到的那两大构造板块不会发生碰撞,因为它们根本就互不往来。

未来会如何? 由于我们不断提到两大构造板块,也许有人因此误以为本书的观点是要提出,美国在不久的将来有可能发生一次重大乃至毁灭性的政治地震,破坏程度也许堪比 19 世纪那场内战,或者出现极大规模的公众示威,导致联邦宪法以及各州宪法都进行激进的修订。然而,这种可能性也就是说说而已,美国根本不会发生这样的政治地震。那两个构造板块之间当然还会发出咯咯吱吱的摩擦声,但也几乎可以肯定不会发生猛烈碰撞,以致发生电影《末日崩塌》里的那般灾难。

其中一个主要原因是,绝大多数的美国人尽管对他们国家政治体制的这个或那个方面有所不满,但对这个政治体制整体上还是满意的。当然,还有许多人以这个制度为骄傲。大多数美国人对本书所讲的美国政治制度里的种种悖论可能都没有认识,甚至认识到了也不以为然。不像内战之前对奴隶制度的辩论,本书所讨论的基本上都是哲学家、政治学学者、政治评论员和宪法律师等这些人所关注的问题。普通美国人日常的关注当然不在这里。然而,美国不会发生这样的政治地震还有另一个原因,也要提一提。

上个世纪初,曾担任英国首相的阿瑟·贝尔福写道,英国整个政治机器是有一个假定的,即"人民在根本上是如此团结一致,以至于他们可以斗得死去活来,但最终还是无碍大局"。①他说得有点夸张,但不是没有道理。英国人从来不觉得需要一部法典化的成文宪法,因为他们不假思索地就接受了他们那部非正式、未法典化且大部分都是不成文的宪法的种种规定。比美国人有过之而无不及,英国人的世界就是一个规范、习惯、惯例和共识的世界。他们很少诉诸法律。他们的法院有司法复核的权力,但没有权力以违宪或违法为由宣布国会制定的法律无效。宪法改变时有发生,而且通常都获普遍接纳,没有太多的争吵。

在这个方面和在许多其他方面一样,美国甚是不同。局外人看美国,大概都会吃惊于其宪法安排的拘泥和刚性。任何踌躇满志的改革者,面对这部宪法的刚性

---

① 引自 Antony Jay, ed., *Oxford Dictionary of Political Quotations*（Oxford：Oxford University Press，1996），p. 31.

都可能会望而却步。一部18世纪末拟定的宪法，虽然有过修订，但大部分仍是原封不动，一直沿用至21世纪的今天。其中种种看来并不民主、甚至反民主，而且民意支持率极低的地方（比如选举人团），都非常难以改变。宪法是神圣的，制宪者的本意就是让宪法难以修改。然而，还有另一个因素，可以帮助解释为什么1787年宪法的诸多元素具有如此顽强的生命力：与英国人民不一样，美国人民不是一个"在根本上是如此团结一致以至于可以斗得死去活来但最终还是无碍大局"的人民——更不用说是如此团结以至于可以直接面对那些带根本性的问题。他们曾经一度直面难题，但随之而来的就是一场血腥的战争。美国人民因地区、种族、民族、宗教、语言、乃至（对内战的）历史记忆的不同而彼此区别，分为你我。而美国人之间最具鸿沟的彼此区别，则是人生理念上的根本不同。

美国人大多都是无拘无束、宽容而且容易相处的。

但他们很不容易被劝服,他们习惯于多元,都是一种"各人自扫门前雪"的人生态度。但也有一些美国人——尽管人数没那么多,但调门却很高——坚信只有他们才看到了前途的光明,因此执意要说服其他人认清他们之前的种种错误,改弦更张;他们不习惯于多元,他们在传播别的宗教的同时,在传播原教旨的"美国主义"。有人想当然地认定美国必将永恒永在(就像英国人欢快地唱"英国永恒"那样)。但也有人害怕:害怕美国的安全、身份、人种以及灵魂都会出问题。有人只是在真正看到敌人时才说有敌人。但也有人无时无刻不在寻找敌人,一旦自以为找到,便马上广而告之,唯恐天下不知。对于原教旨主义者而言,他们的敌人似乎都是贴着标签的。

如此强烈的情感和坚定的信念,不可避免地会在宪政主义和激进民主这两大哲学派别之间产生摩擦甚至敌意。在其他国家,包括美国的北边邻居加拿大,那些棘手的问题,比如死刑、同性婚姻、焚烧国旗、枪支管制、堕胎以及全球气候变暖等,都是以极为务实的办法处理,棱棱角角都会被刻意磨平。但在美国,这些问题都被作为高度的原则问题来处理,不能有任何妥协。美国人常常会说"冷静!"。他们确实需要冷静,因为美国人的本能就是将争议问题再火上浇油,烧到沸点。一位著名的美国历史学家有一部著作,题为《美国政治的妄想癖》。一位驻美国的外国记者最近出版了一本书,叫《愤怒的美国》。① "文化战争"这样的说法也许夸张了点,因为从来没有发生过这样的战争。但所有的美国人都在寻思,也许有一天,这样的战争果真会爆发。

美国社会在心理上、意识形态上以及人口构成上都是如此严重分裂,也就难怪为什么美国政治制度中长期

---

① Richard Hofstadter, *The Paranoid Style in American Politics and Other Essays* (New York: Alfred A. Knopf, 1965); and Gavin Esler, *The United States of Anger* (London: Michael Joseph, 1997).

共存着传统宪政主义以及现代激进民主主义这两个互相敌对的流派。目前在这两派之间保持的微妙平衡也许无法让大家都满意,但如果蓄意去打破这个平衡就会带来麻烦,甚至是危险。目前的这个体制安排无论在两派看来有什么弊端,但其一大好处是可以找出潜在的危险性问题,并交给号称非政治化的法院特别是最高法院来处理,从而将其从政治中排除出去。其实,大家都心知肚明,法院特别是最高法院绝非远离政治,但大家都权当是如此,于是,这个便利的假说便可起到缓冲和冷静的效果。大多数美国人在 21 世纪之初还能接受 18 世纪末所拟定的一部宪法里的主要元素,显然还另有奥妙。美国宪法,连同美国国歌、国旗、以及效忠美国的誓言和坚信美国是世界上最伟大国家的信念一起,是美国少有的几样有效的黏合剂。它把本来可能分崩离析的东西凝聚了起来。它受到美国人民普遍的顶礼膜拜。正如有的美国人所说,"正是它,才把我们拧成了一股绳。"

译后记

苏格拉底有句名言,说"认识自己,方能认识人生"。推而广之,如果放眼二十一世纪的世界政治角力,似乎可以这么说,"要认识美国,然后才能认识世界"。

美国作为当今世界唯一的超级大国,其霸权之手无处不伸,无处不在,如影随形,或隐或现;有时会高高举起,拿着大棒,有时也会轻轻放下,带着胡萝卜;很多时候会问你愿不愿意,但有时候则只是问你服还是不服。有一点是可以肯定的,如果没有美国,这个世界会大不一样。

美国建国才不到两个半世纪,如果仅论"年纪",相对于世界上许多有着悠久历史的国家而言,还是个乳臭未干的小子。但事实是,美国只用了短短二百多年的时间,就把自己建设成为世界上最为强大的国家。她是怎么成功的？

没错，美国幅员辽阔，资源丰富，人口众多，再加上运气好，所以物质文明持续高速发展，硬实力与日俱增。但这只是一面，甚至是次要的一面。更重要的是另一面，是她的软实力，她占据着民主自由的道德高地，以此结盟并统领西方。此外，以好莱坞、麦当劳和 NBA 等为代表的美国大众文化几乎浸透了现在这个地球村的每个角落，让虽远异族的芸芸众生如痴如醉，欲罢不能。美国的软实力是怎么炼成的？

在我看来，美国成功的密码就写在她的宪法里。美国是世界上第一个制定成文宪法的国家，也是最成功地实现了依宪治国的国家（有没有"之一"，留由评说）。美国宪法 1787 年制成，1788 年生效，在其后美国经历重重难关——特别是两次世界大战、南北战争以及战后重建等——的时候，宪法都成为维护联邦、协调党派立场、化解社会矛盾的关键性重要工具，起到了不可替代的作用。每当政治矛盾激化、民情汹涌的紧急关头,宪法(特别是通过最高法院之手)总能发挥出一种几近于春风化雨的神奇魔力。到如今,在美国人的心目中,宪法就是他们世俗的《圣经》,有着无比崇高和神圣的地位,是宪法让美国人跨越种族、文化和政见而团结起来,拧成一股绳。

关于美国宪法的著作,真可谓汗牛充栋。安东尼·金教授的这部《美国民主的悖论》是近年来广受好评的力作之一。关于该书的视角和特点,作者在前言中已充分说明,在此不必赘述。译者想补充的是,安东尼教授是知名的宪法学家,对英美两国宪法的研究都有很高造诣,其代表作还包括《英国宪法》(*The British Constitution*)等。他著作的一大特点,就是用浅白通俗的语言和生动贴切的比喻,来描述和讨论严肃深奥、有时还显得枯燥单调的宪法问题,像是在讲故事,娓娓道来,夹叙夹议,时有精见高论,鞭辟入里,总是能引人入胜,并且发人深省。在《美国民主的悖论》中,他坚持并进一步发挥这种风格,让我们从一个全新的、甚至是非常有趣的角度,去重新审视和认识美国宪法。通过他的讨论,我们对美国宪法为什么过去是那样,现在是这样,将来可能会是怎样,都会增加不少认知,并因此会多了一些思考。

本书英文版的全名是"The Founding Fathers v The People：Paradoxes of American Democracy",翻译时只取它的副标题作为书名,既是考虑要取画龙点睛之笔,同时也考虑到主标题"建国之父们对人民"这种英美判例法的模式,可能会让中文视角和阅读习惯的读者颇为不适应。译者在翻译时尽可能地保持并再现原著流畅的文风,但毕为水平有限,难免会有略显生涩或生硬之处。但译者始终提醒并要求自己："信"是根本,"达"是基础,"雅"是提高。原著所引述的著作或论文的注脚,在译作中全部原文保留,以方便延伸读者的查找。

本译作最终得以出版,要特别归功于北大出版社邓丽华老师的辛勤付出。从版权的引进,到译稿的审核,再到排版校对,她都做了大量非常专业又非常繁琐的工作,提出了许多宝贵的意见。但必须声明,译文的任何错误都属于译者本人。

最后再斗胆谈一点小感想。俗语云:"鞋合不合适,脚知道。"这句话的言外之意是,不能用自己的脚去测试鞋是不是合别人的脚。所以,美国如果用她的有色眼镜看中国,是肯定不会看到真实而生动的中国的;而中国如果只用自己传统的政治眼光、政治思维和政治逻辑去看美国的政治运作,那十有八九也是会看错的。但我坚信,对于受过更好的高等教育、视野更开阔、思想更活跃、更尊崇常识和逻辑、更富有同理心的二十一世纪年经一代——无论是在太平洋的这一头,还是在太平洋的那一头——而言,是不会犯上面假设的这种低级错误的。

谨此为记。

李光祥

2023 年 2 月 19 日